이탈리아를 걷는다

맛과 역사를 만나는
시간으로의 여행

이탈리아를 걷다

정병호 지음

BM (주)도서출판 성안당

이탈리아를 걷다:
지역의 맛과 역사를 만나다

『이탈리아를 걷다』는 이탈리아를 사랑하는 이들이 반드시 읽어야 할 책입니다. 이 책은 이탈리아의 20개 주를 비롯해 각 지역의 고유한 지리적 환경, 역사, 음식, 와인, 치즈, 디저트를 세세하게 소개합니다. 이 책을 통해 이탈리아의 각 지역에서만 맛볼 수 있는 독특한 것들을 경험할 수 있습니다.

이 책은 단순한 여행 안내서가 아니라 이탈리아의 문화와 역사를 깊이 이해하고 느낄 수 있는 특별한 여정입니다. 시칠리아의 태양이 내리쬐는 포도밭에서부터 피에몬테의 산악 지대에 이르기까지 각 지역의 특산물과 전통 요리를 통해 이탈리아의 풍부한 미식 문화를 체험할 수 있습니다. 특히, 이탈리아의 와인과 치즈에 대한 설명은 여행가, 와인 애호가와 미식가들에게 큰 도움이 될 것입니다.

와인과 치즈는 그 지역의 특성을 그대로 담고 있습니다. 예를 들어, 토스카나의 와인은 토스카나의 고유한 풍토와 역사를 반영하며, 시칠리아의 피칸테 치즈는 현지의 풍부한 유산과 조화를 이루고 있습니다.

또한 이 책은 각 지역의 역사적 배경과 문화유산을 소개함으로써

유럽 전문 여행 인솔자 **김웅**

와인과 치즈의 생산과 관련된 전통적인 방식과 역사적인 배경을 이해할 수 있도록 돕습니다. 예를 들어, 시칠리아 지역에서는 그리스와 로마의 영향을 받은 와인 생산의 역사를 살펴볼 수 있으며 피에몬테 지역에서는 바르바레스코 와인과 전통적인 치즈의 풍미를 느낄 수 있습니다.

이 책은 각 지역의 대표적인 음식과 와인의 조화에 대해서도 다룹니다. 이탈리아의 다양한 요리와 와인을 맛보면서 지역 특산품과의 맛있는 조화를 경험할 수 있습니다. 예를 들어, 캄파니아 지역의 피자 나폴리타나와 함께 즐기는 라크리마 크리스티 와인은 그 지역의 풍부한 미식 문화를 잘 보여 줍니다.

이 책은 이탈리아를 여행하는 독자들에게 지역의 아름다운 풍경과 문화를 즐기는 방법을 안내합니다. 단순히 관광 명소를 소개하는 것을 넘어 현지인들이 즐기는 전통적인 맛과 향을 경험할 수 있도록 돕습니다. 이 밖에도 이탈리아의 풍부한 음식 문화와 와인 생산의 다양성을 즐기는 데 필요한 정보를 제공합니다. 이탈리아 여행을 꿈꾸는 분이라면 꼭 한번 읽어 보시기를 추천드립니다.

이탈리아의 진정한
맛과 멋을 찾아서

이탈리아 로컬 가이드 **황영경**

『이탈리아를 걷다』는 이탈리아의 20개 주를 여행하며 각 지역의 매력을 발견하는 즐거움을 선사합니다. 이 책은 단순한 여행 안내서를 넘어 이탈리아의 풍부한 역사와 문화, 그리고 그들이 사랑하는 음식과 와인을 깊이 있게 소개합니다. 각각의 지역마다 고유한 지리적 특성과 문화적 배경을 바탕으로, 와인과 치즈, 디저트를 포함한 다양한 미식을 즐길 수 있도록 도와줍니다.

이 책을 펼치면, 토스카나의 아름다운 포도밭과 베네토의 고풍스러운 와이너리를 만날 수 있습니다. 또한 나폴리의 활기찬 거리에서 맛볼 수 있는 정통 피자와 로마의 고대 유적지에서 즐길 수 있는 젤라토의 달콤함도 경험할 수 있습니다. 이 책은 이탈리아를 더욱 깊이 이해하고 즐길 수 있도록 안내하며, 각 지역의 전통과 맛을 생생하게 전달합니다.

이 책은 독자의 이탈리아 여행을 더욱 특별하게 만들어 줄 것입니다. 이탈리아의 진정한 맛과 멋을 발견하고자 하는 모든 이들에게 추천드립니다.

체르바라 디 로마

이탈리아는 오감을 사로잡는 나라이자 역사가 음식과 와인에 얽혀 있는 땅이다. 각 지역은 고유한 음식 맛과 전통을 통해 자신만의 이야기를 전한다. 눈 덮인 알프스 봉우리부터 태양이 내리쬐는 시칠리아 해안에 이르기까지 이탈리아의 20개 주는 풍부한 역사, 음식, 와인, 치즈, 디저트를 자랑한다. 이 책은 독자들을 이탈리아의 문화와 역사, 미식 세계로 안내함으로써 각 지역의 본질을 바라볼 수 있도록 하는 데 중점을 뒀다.

이탈리아는 단순한 관광지가 아니라, 그 자체로 하나의 거대한 문화 박물관이다. 고대 로마의 유적과 중세의 고성, 르네상스의 걸작들이 곳곳에 들어서 있는 이 나라에서는 시간 여행을 하는 듯한 경험을 할 수 있다. 또한 이탈리아 사람들의 일상 속에 녹아 있는 전통 요리와 와인은 그 자체로 하나의 예술 작품이다. 각 지방마다 독특한 재료와 조리법을 통해 만들어지는 요리들은 그 지역의 역사와 풍토를 반영하고 있으며, 이는 그들만의 고유한 맛을 만들어 낸다.

예를 들어, 피에몬테 지역의 바롤로 와인과 트러플 요리, 토스카나의 키안티 와인과 비스테카 알라 피오렌티나, 시칠리아의 네로 다볼라 와인과 카포나타 등은 그 지역의 자연 환경과 역사, 문화적 배경을 고스란히 담고 있다. 이러한 요리와 와인은 그 자체로 지역을 대표하는 상징이자, 지역 사람들의 삶과 떼려야 뗄 수 없는 관계를 맺고 있다.

이탈리아의 역사와 지리적 환경이 만들어 낸 오래된 요리법, 지중해의

태양 아래 포도가 익어가는 그림 같은 포도원에서 생산되는 와인, 이 와인의 탄생과 관련된 감동적인 스토리를 통해 이탈리아의 본질을 음미할 수 있기를 바란다. 이는 이탈리아의 문화유산을 기념하고 오랜 전통을 보존하는 장인과 농부에 대한 찬사이며, 사람들을 하나로 모으는 음식의 지속적인 힘에 대한 증거이기 때문이다.

이탈리아를 여행하다 보면 각 지역마다 독특한 향과 맛, 색깔을 느낄 수 있다. 북부의 알프스 산맥과 인접한 지역에서는 진한 치즈와 풍부한 와인을 맛볼 수 있으며, 중부의 토스카나 지방에서는 올리브와 와인의 풍미를 즐길 수 있다. 남부로 내려가면 시칠리아와 사르데냐의 해산물 요리와 신선한 과일, 달콤한 디저트를 만날 수 있다. 이탈리아의 다양한 미식 경험은 단순한 식사가 아니라 그 자체로 하나의 여행이자 발견의 여정이라 할 만하다.

당신이 열정적인 요리사이든, 역사광이든, 단순히 음식을 좋아하는 사람이든, 와인 애호가이든 이탈리아 20개 주 여행은 즐거움과 영감을 주며 이탈리아 영혼의 중심으로 여러분을 안내할 것이다. 편안하게 앉아 와인 한잔을 마시면서 다른 어떤 것과도 비교할 수 없는 여행을 떠날 준비를 해보자. 이탈리아의 맛과 향, 색을 통해 오감을 만족시키는 이 여행은 여러분에게 잊지 못할 추억과 새로운 영감을 선사할 것이다.

정빙호

차례

추천사 1 · 4

추천사 2 · 6

머리말 · 8

저자가 추천하는 여행 코스

- 이탈리아 북부 · 14
- 이탈리아 중부 · 16
- 이탈리아 남부 · 18

PART

1 이탈리아 북부

1 현대 비즈니스와 역사의 도시

롬바르디아 Lombardia · 22

2 스위스, 프랑스와 국경을 접한

피에몬테 Piemonte · 34

3 알프스 산맥으로 둘러싸인

발레 다오스타 Valle d'Aosta · 52

4 이탈리아, 오스트리아, 스위스 문화의 교차로

트렌티노-알토 아디제 Trentino-Alto Adige · 66

5 다양한 문화적 영향, 아름다운 풍경, 풍부한 요리

프리울리-베네치아 줄리아 Friuli-Venezia Giulia · 82

6 역사적 매력, 그림 같은 풍경, 풍부한 문화유산의

베네토 Veneto · 98

7   역사, 문화, 음식 그리고 자연의 아름다움이 살아 있는
에밀리아―로마냐 Emilia-Romagna   · 110

8   아름다운 해안, 독특한 음식, 유럽의 문화와 민족이 교차하는
리구리아 Liguria   · 124

PART **2** 이탈리아 중부

9   중세 유럽 문화의 중심지, 르네상스의 발생지
토스카나 Toscana   · 144

10   구불구불한 언덕, 중세 도시, 고요한 분위기
움브리아 Umbria   · 156

11   예술과 역사와 문화유산의 도시
마르케 Marche   · 170

12   아펜니노산맥과 아드리아해 사이에 자리 잡은
아브루초 Abruzzo   · 184

13   로마 고대 유적, 르네상스 예술, 현대 도시와 시골의 매력을 가진
라치오 Lazio   · 196

PART 5 이탈리아 남부

14 때 묻지 않은 풍경, 유서 깊은 지역
몰리제 Molise · 212

15 아름다운 자연, 깊은 역사, 활기찬 문화의 조화가 있는
캄파니아 Campania · 226

16 가득한 햇살과 풍경, 역사 도시, 아드리아해와 이오니아해의
풀리아 Apulia · 242

17 극적인 풍경, 고대 동굴 거주지, 깊은 역사
바질리카타 Basilicata · 254

18 자연, 역사, 문화의 풍요로움과 햇살 가득한 지중해의
칼라브리아 Calabria · 266

19 고대 역사, 아름다운 풍경, 활기 넘치는 문화
시칠리아 Sicilia · 276

20 아름다운 해변, 고대 전통과 활기 넘치는 현대 문화의 조화
사르데냐 Sardegna · 288

APPENDIX

부록

와인에 관해

1 와인의 역사 · 302

2 와인의 등급 · 304

3 와인의 구분 · 306

4 와인 잔 · 320

5 와인 테이스팅 · 323

커피에 관해

1 이탈리아의 지역별 커피 문화 · 324

2 이탈리아의 커피 브랜드 · 327

저자가 추천하는 여행 코스
이탈리아 북부

1 일차 밀라노 도착
📍 롬바르디아

- 오전 밀라노 말펜사 공항 도착, 호텔 체크인
- 오후 밀라노 두오모 성당, 갤러리아 비토리오 에마누엘레 II
- 저녁 밀라노 두오모 주변에서 저녁 식사 및 산책

2 일차 밀라노 ➡ 토리노
📍 피에몬테

- 오전 밀라노에서 토리노로 이동(🚐 약 2시간)
- 오후 몰레 안토넬리아나, 이집트 박물관
- 저녁 토리노에서 저녁 식사 및 산책

3 일차 토리노 ➡ 아오스타
📍 발레 다오스타

- 오전 토리노에서 아오스타로 이동(🚐 약 1시간 30분)
- 오후 아오스타 로마 극장, 아르크 성
- 저녁 아오스타에서 저녁 식사 및 지역 와인 시음

4 일차 아오스타 ➡ 트렌토
📍 트렌티노-알토 아디제

- 오전 아오스타에서 트렌토로 이동(🚐 약 4시간 30분)
- 오후 트렌토 대성당, 카스텔로 델 부온콘실리오
- 저녁 트렌토에서 저녁 식사

5 일차 트렌토 ➡ 트리에스테
📍 프리울리-베네치아 줄리아

- 오전 트렌토에서 트리에스테로 이동(🚐 약 3시간 40분)
- 오후 미라마레 성, 유니타 광장
- 저녁 트리에스테에서 저녁 식사 및 산책

6 일차 트리에스테 ➡ 베네치아
📍 베네토

- 오전 트리에스테에서 베네치아로 이동(🚐 약 2시간)
- 오후 산 마르코 광장, 산 마르코 대성당, 두칼레 궁전
- 저녁 베네치아 운하 주변에서 저녁 식사

7 일차 베네치아 ➡ 볼로냐
📍 에밀리아 로마냐

- 오전 베네치아에서 볼로냐로 이동(🚐 약 2시간)
- 오후 마조레 광장, 볼로냐 대성당, 아시넬리 탑
- 저녁 볼로냐에서 전통 음식(볼로냐 파스타) 즐기기

8 일차 볼로냐 ➡ 제노바
📍 리구리아

- 오전 볼로냐에서 제노바로 이동(🚐 약 3시간 30분)
- 오후 제노바 구시가지, 산 로렌초 대성당, 제노바 아쿠아리움
- 저녁 제노바 항구 주변에서 저녁 식사

9 일차 제노바 ➡ 밀라노 출국
📍 롬바르디아

- 오전 제노바에서 밀라노로 이동(🚐 약 2시간)
- 오후 밀라노에서 마지막 쇼핑 및 시내 산책
- 저녁 밀라노 말펜사 공항으로 이동하여 출국

10 일차 한국 도착
📍 인천공항

→ 이탈리아 북부의 다양한 지역을 탐방할 수 있는 8박 10일 여행 일정은 다음과 같다. 이 일정은 각 지역의 주요 도시와 명소를 포함하고 있으며, 밀라노에 도착하여 밀라노에서 출국하는 일정으로 계획되었다.

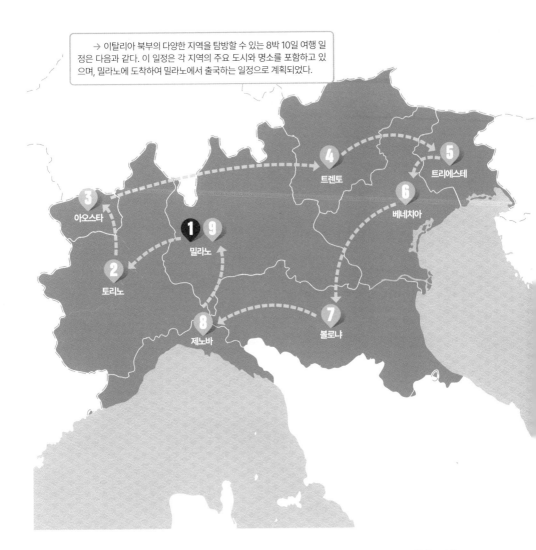

🚌 **교통**: 이탈리아는 도로망과 기차 시스템이 잘 발달되어 있어 도시 간 이동은 자동차나 기차 또는 버스를 이용하는 것이 편리하다. 기차를 이용할 경우, 트렌이탈리아(Trenitalia)나 이탈로(Italo) 기차를 예약하면 되고 자동차를 이용할 경우, 렌터카를 이용해 자유롭게 이동할 수 있다.

🛏 **숙소**: 주요 관광지 근처에 숙소를 예약하면 이동이 편리하다.

🍴 **음식**: 밀라노에서는 리소토, 토리노에서는 바냐 카우다, 아오스타에서는 폴렌타, 트렌토에서는 카네데를리, 베네치아에서는 해산물 요리, 트리에스테에서는 스캄피 요리, 제노바에서는 쿨라텔로, 볼로냐에서는 라구 파스타를 추천한다.

이 일정은 개인의 항공이나 교통편 그리고 각 도시에서의 체류 시간을 조정하거나 방문지를 추가, 제외하며 개인의 취향에 맞게 조정할 수 있다.

저자가 추천하는 여행 코스

이탈리아 중부

밀라노 도착
📍 롬바르디아

(오전 오후) 밀라노 말펜사 공항 도착, 호텔 체크인
(저녁) 밀라노 두오모 성당 주변 산책 및 저녁 식사

밀라노 ➡ 피렌체
📍 토스카나

(오전) 밀라노에서 피렌체로 이동(🚐 약 4시간)
(오후) 피렌체 두오모, 우피치 미술관, 베키오 다리
(저녁) 피렌체에서 저녁 식사 및 산책

피렌체 ➡ 시에나 ➡ 피렌체
📍 토스카나

(오전) 피렌체에서 시에나로 이동(🚐 약 1시간 30분)
(오후) 시에나 대성당, 캄포 광장, 망기아 탑
(오후/저녁) 피렌체로 돌아와 저녁 식사

피렌체 ➡ 페루자
📍 움브리아

(오전) 피렌체에서 페루자로 이동(🚐 약 2시간)
(오후) 페루자 구시가지, 페루자 대성당, 로카 파올리나
(저녁) 페루자에서 저녁 식사

페루자 ➡ 아시시 ➡ 페루자
📍 움브리아

(오전) 페루자에서 아시시로 이동(🚐 약 30분)
(오전 오후) 성 프란체스코 성당, 아시시 대성당
(오후/저녁) 페루자로 돌아와 저녁 식사

페루자 ➡ 앙코나
📍 마르케

(오전) 페루자에서 앙코나로 이동(🚐 약 1시간 30분)
(오후) 앙코나 대성당, 트라이아누스 아치, 라차레토
(저녁) 앙코나에서 저녁 식사 및 산책

앙코나 ➡ 라퀼라
📍 아브루초

(오전) 앙코나에서 라퀼라로 이동(🚐 약 3시간)
(오후) 라퀼라 대성당, 산타 마리아 디 콜레마조 성당, 포르타 나폴리
(저녁) 라퀼라에서 저녁 식사

라퀼라 ➡ 로마
📍 라치오

(오전) 라퀼라에서 로마로 이동(🚐 약 1시간 30분)
(오후) 콜로세움, 로마 포룸, 판테온
(저녁) 로마에서 저녁 식사 및 트레비 분수 방문

로마 출국
📍 라치오

(오전) 로마에서 마지막 쇼핑 및 시내 산책
(오후) 로마 피우미치노 공항으로 이동하여 출국

한국 도착
📍 인천공항

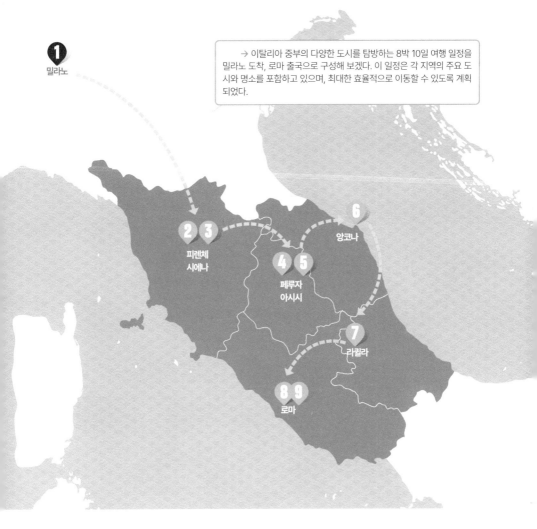

① 밀라노

→ 이탈리아 중부의 다양한 도시를 탐방하는 8박 10일 여행 일정을 밀라노 도착, 로마 출국으로 구성해 보겠다. 이 일정은 각 지역의 주요 도시와 명소를 포함하고 있으며, 최대한 효율적으로 이동할 수 있도록 계획되었다.

② ③ 피렌체 시에나

⑥ 앙코나

④ ⑤ 페루자 아시시

⑦ 라퀼라

⑧ ⑨ 로마

🚌교통: 이탈리아는 도로망과 기차 시스템이 잘 발달되어 있어 도시 간 이동은 자동차나 기차 또는 버스를 이용하는 것이 편리하다. 기차를 이용할 경우, 트렌이탈리아(Trenitalia)나 이탈로(Italo) 기차를 예약하면 되고 자동차를 이용할 경우, 렌터카를 이용해 자유롭게 이동할 수 있다.

🛏숙소: 주요 관광지 근처에 숙소를 예약하면 이동이 편리하다.

🍴음식: 피렌체에서는 스테이크(비스테카 알라 피오렌티나), 시에나에서는 토르타 알 테스토, 페루자에서는 초콜릿, 아시시에서는 전통 와인, 앙코나에서는 해산물 요리, 라퀼라에서는 전통 치즈와 고기 요리, 로마에서는 카르보나라를 추천한다.

이 일정은 개인의 취향이나 교통편, 각지역 각 도시에서의 체류 시간을 조정하거나 방문지를 추가, 제외하여 개인의 취향에 맞게 조정할 수 있다.

저자가 추천하는 여행 코스

이탈리아 남부

12박 13일

1 일차 로마 도착

📍 라치오

(오전 오후) 로마 피우미치노 공항 도착, 호텔 체크인
(저녁) 로마 시내 관광 (콜로세움, 로마 포룸, 판테온) 및 저녁 식사

2 일차 로마 ➡ 캄포바소
📍 몰리제

(오전) 로마에서 캄포바소로 이동(🚐 약 2시간 30분)
(오후) 캄포바소의 구시가지 탐방 및 몬테레오네 성 방문
(저녁) 캄포바소에서 저녁 식사

3 일차 캄포바소 ➡ 나폴리
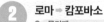
📍 캄파니아

(오전) 캄포바소에서 나폴리로 이동(🚐 약 2시간 30분)
(오후) 나폴리 역사 지구, 스파카나폴리 거리, 나폴리 국립 고고학 박물관
(저녁) 나폴리에서 피자 및 지역 요리 저녁 식사

4 일차 나폴리 ➡ 폼페이 ➡ 소렌토
📍 캄파니아

(오전) 나폴리에서 폼페이로 이동(🚐 약 30분)
(오전 오후) 폼페이 유적지 탐방
(오후) 소렌토로 이동(🚐 약 1시간)
(저녁) 소렌토에서 저녁 식사 및 산책

5 일차 소렌토 ➡ 알베로벨로
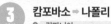
📍 풀리아

(오전) 소렌토에서 알베로벨로로 이동(🚐 약 4시간)
(오후) 알베로벨로의 트룰리(Trulli) 건축물 탐방
(저녁) 알베로벨로에서 저녁 식사

6 일차 알베로벨로 ➡ 마테라

📍 바질리카타

(오전) 알베로벨로에서 마테라로 이동(🚐 약 1시간 30분)
(오후) 마테라의 사시(Sassi di Matera) 유적지 탐방
(저녁) 마테라에서 저녁 식사

7 일차 마테라 ➡ 레조 칼라브리아

📍 칼라브리아

(오전) 마테라에서 레조 칼라브리아로 이동(🚐 약 4시간 30분)
(오후) 레조 칼라브리아 국립 박물관, 아르나르디코 해변
(저녁) 레조 칼라브리아에서 저녁 식사

8 일차 레조 칼라브리아 ➡ 타오르미나

📍 시칠리아

(오전) 레조 칼라브리아에서 타오르미나까지 자동차와 페리로 이동(약 2시간)
(오후) 타오르미나 관광(그리스 극장, 타오르미나 구시가지)
(저녁) 타오르미나에서 저녁 식사

9 일차 타오르미나 ➡ 카타니아

📍 시칠리아

(오전) 타오르미나에서 카타니아로 이동(🚐 약 1시간)
(오후) 카타니아 시내 관광(카타니아 대성당, 어시장)
(저녁) 카타니아에서 저녁 식사

10 일차 카타니아 ➡ 칼리아리

📍 사르데냐

(오전) 카타니아에서 칼리아리로 항공 이동(약 1시간 30분)
(오후) 칼리아리의 유적지 탐방(카스텔로 지구, 로마 원형극장)
(저녁) 칼리아리에서 저녁 식사

11 일차 칼리아리 ➡ 알게로

📍 사르데냐

(오전) 칼리아리에서 알게로로 이동(🚐 약 2시간 30분)
(오후) 알게로 구시가지 탐방 및 해변 산책
(저녁) 알게로에서 저녁 식사

12 일차 알게로 ➡ 로마

📍 라치오

(오전) 알게로에서 로마로 항공 이동(약 1시간 30분)
(오후) 로마에서 자유시간 및 쇼핑
(저녁) 로마에서 저녁 식사

13 일차 로마 출국 ➡ 한국 도착

📍 인천공항

(오전) 호텔 체크아웃 후 로마 피우미치노 공항으로 이동 출국

→ 이탈리아 남부의 다채로운 도시들을 탐방하는 12박 13일 여행 일정을 로마 도착 및 로마 출국으로 구성해 본다. 이 일정은 각 지역의 주요 도시와 명소를 포함하고 있으며, 최대한 효율적으로 이동할 수 있도록 계획되었다.

12 1 로마
2 캄포바소
3 4 나폴리 폼페이, 소렌토
5 알베로벨로
6 마테라
11 알게로
10 칼리아리
7 레조 칼라브리아
8 타오르미나
9 카타니아

🚗 **교통**: 이탈리아는 도로망과 기차, 항공 시스템이 잘 발달되어 있어 도시 간 이동은 자동차나 기차 항공을 이용하는 것이 편리하다. 트렌이탈리아(Trenitalia)나 이탈로(Italo), 로컬 항공사를 이용하여 예약할 수 있다. 자동차를 이용할 경우 렌터카를 이용해 자유롭게 이동할 수 있다.

🏨 **숙소**: 주요 관광지 근처에 숙소를 예약하면 이동이 편리하다.

🍴 **음식**: 니폴리에서는 피자, 알베루벨로에서는 오레키에테 파스타, 마테라에서는 빵, 레조 칼라브리아에서는 해산물 요리, 타오르미나에서는 카포나타, 칼리아리에서는 포르세두를 추천한다.

이 일정은 개인의 항공이나 교통편 그리고 각 도시에서의 체류 시간을 조정하거나 방문지를 추가, 제외하여 개인의 취향에 맞게 조정할 수 있다.

베네치아

이탈리아 북부

이탈리아 북부는 이탈리아 경제의 중심지로, 산업이 발달하고 문화의 다양성이 풍부한 곳이다.

알프스산맥과 호수가 인상적인 자연 경관을 형성하고 있으며 밀라노, 토리노와 같은 국제적이고 현대화된 도시와 고대의 문화유산을 간직한 도시가 공존한다.

또한 풍부한 식재료와 와인으로 유명하며 지역 특산품을 고급 레스토랑과 현지 시장에서 즐길 수 있다.

이탈리아 북부는 이탈리아에서 가장 경세적으로 빌진한 지역으로, 지역민이 높은 삶의 질을 유지하고 있다.

1
현대 비즈니스와
역사의 도시
롬바르디아
Lombardia

롬바르디아는 고대부터 중세에 이르기까지 다양한 문화와 역사의 영향을 받았다. 이 지역은 롬바르디아 왕국의 중심지로서 중세 유럽의 정치와 문화에 큰 영향을 미쳤으며, 고대 로마 유적지와 고대 건축물이 풍부하다. 롬바르디아 요리는 리소토, 오소부코와 같이 풍부한 맛과 특별한 조리법으로 유명하다.

이탈리아 북부 롬바르디아Lombardia 는 '밀라노Milano'를 비롯해 '베르가모Bergamo', '브레시아Brescia', '코모Como', '크레모나Cremona', '만토바Mantova' 등의 도시와 다양한 역사 지역을 포함하고 있다.

로마 제국, 스페인, 오스트리아, 프랑스 등의 지배를 받은 롬바르디아 지역의 문화와 역사는 매우 다양하다. 롬바르디아는 로마 제국 시대부터 중요한 지역으로 자리 잡았으며 오스트리아 제국 시대에는 경제적으로 중요한 역할을 했다. 이러한 역사적 사실들은 롬바르디아 지역의 건축물과 문화유산에도 반영돼 있다.

이 지역의 주도인 밀라노는 이탈리아 최대 도시로 성장했다. 이탈리아의 대표 도시 중 하나인 밀라노는 가장 현대적이고 발전된 도시이자 이탈리아의 패션과 디자인, 비즈니스의 중심지이다. 이곳의 '밀라노 대성당Duomo di Milano'은 세계에서 가장 큰 고딕 양식으로 지어진 대성당으

밀라노 대성당 내부

로 유명하며 '리나센테 백화점La Rinascente'과 '비토리오 에마누엘레 2세 갤러리Galleria Vittorio Emanuele II' 등은 유명한 쇼핑 명소이다. 또한 '라 스칼라La Scala' 극장 등 밀라노의 유명한 문화 장소도 매력적이며 '산타 마리아 델레 그라치에Santa Maria delle Grazie 성당'에서는 레오나르도 다빈치의 〈최후의 만찬Cenacolo Vinciano〉을 볼 수 있다.

롬바르디아 지역은 다양한 축제와 이벤트로도 유명하다. 가장 유명한 것은 '밀라노 패션 위크'이다. 매년 봄과 가을에 열리며 세계적인 패션 디자이너와 패션업계 인사들이 모여 패션쇼를 진행한다. '밀라노 국제 영화제'도 유명한 축제 중 하나인데, 이 영화제는 매년 9월에 열리며 세계적인 감독과 배우들이 참석한다.

이 밖에도 롬바르디아 지역에는 중세 시대의 성벽, 요새, 궁전 등의 건축물이 많이 남아 있고 뮤지엄, 공연장, 영화관 등도 많다.

밀라노 대성당에서 바라본 밀라노

롬바르디아 지역에는 알프스산맥의 일부가 위치하고 있어 매우 인상적인 산악 경관을 즐길 수 있다. 특히 '스텔비오^{Stelvio} 국립 공원'은 유럽에서 가장 아름다운 자연 보호 구역 중 하나로 꼽히며 하이킹, 캠핑, 스키, 스노보드 등 다양한 액티비티를 즐길 수 있다. 스텔비오에 있는 '스텔비오 패스'는 19세기 초 오스트리아 제국에 의해 이전 오스트리아 영토였던 롬바르디아와 나머지 오스트리아를 연결하기 위해 건설되었다. 이 도로는 1825년에 완성되었으며 이후 라이딩 등의 액티비티나 역사적 관광을 위한 상징적 도로가 되었다. 스위스의 '그림젤 패스^{Grimgel Pass}'와 풍경이 비슷하다.

롬바르디아 지역의 맛있는 음식과 와인은 이탈리아 여행에서 빼놓을 수 없는 요소 중 하나이다. 이곳의 먹거리는 이탈리아 요리의 전형적인 메뉴를 구성한다. 특히 '오소부코^{Ossobuco}'와 '미네스트로네^{Minestrone}'가

스텔비오 패스

유명하다. 가장 유명한 요리로는 '리소토 알라 밀라네제^{Risotto alla Milanese}'
를 들 수 있다.

'오소부코'는 송아지 뒷다리의 정강이 부위를 화이트 와인에 푹 고아
낸 찜 요리이다.

'미네스트로네'는 채소와 파스타 등을 넣어 만든 이탈리아 정통 수프
이다. 수프만을 뜻하는 '주파^{zuppa}'와는 다르며, 이것저것 넣어 끓여 먹
는 '스투파토^{stufato}'보다는 국물이 많다.

'리소토 알라 밀라네제'는 사프란, 버터, 간 파마산 치즈로 요리해 크

---

1 사프란 주로 요리에 사용되는 고가의 향신료로, 스페인, 이탈리아, 인도 등에서 재배된다. 황금색을 띠며 독특한
   향과 맛을 지니고 있다.

오소부코 알라 밀라네제

림과 같은 질감을 지니고 있으며 길이가 짧은 이탈리아산 '아르보리오 Arborio 쌀'로 만든 고전적인 롬바르디아 요리이다. 롬바르디아뿐만 아니라 피에몬테에서도 사랑받는 노란색 리소토는 16세기에 사프란 Zafferano 으로 유리를 염색해서 밀라노 대성당에 쓰일 노란색 스테인드글라스를 만들었던 발레리오 Valerio 라는 유리공이 리소토에도 사프란을 넣어 황금빛의 독특한 맛을 더해 탄생한 요리라는 기원이 전해진다.

롬바르디아 지역에서 생산되는 '그라나 파다노 Grana Padano '나 '프로볼로네 Provolone '와 같은 유명한 치즈들은 이탈리아 전역에서 사랑받고 있다. 프로볼로네는 남부 태생이지만, 우유가 많이 생산되는 북부에서 생산된다.

또한 이탈리아의 대표적인 블루치즈인 '고르곤졸
라Gorgonzola', 짧은 기간 동안 숙성시킨 세척 치즈인
'탈레조Taleggio'와 같은 우수한 치즈가 생산되기도
한다.

탈레조 치즈

고르곤졸라 치즈

롬바르디아의 가장 상징적인 디저트는 '파네토네
Panettone'로, 이는 전 세계적으로 크리스마스 휴가의
상징으로 여겨진다. 파네토네는 건포도, 설탕에 절인
과일, 오렌지 껍질, 바닐라 등의 향료를 첨가한 달콤

2 세척 치즈 소금물이나 술 등으로 치즈의 겉면을 닦으면서 숙성하는 치즈로, 외피가 오렌지색을 띠고 있고 냄새가
   매우 강하다.

그라나 파다노 치즈

한 발효 케이크이다. 부드러운 다공성 질감이 특징이며 크리스마스 축하 기간 동안 커피나 핫초코와 함께 먹는 경우가 많다. 디저트나 달콤한 아침 식사로 더할 나위 없다.

파네토네의 탄생에 관한 이야기는 여러 가지 전설과 설화로 전해지는데, 그중 다음 이야기가 가장 유명하다.

15세기 말, 이탈리아 밀라노의 루도비코 일 모로Ludovico il Moro 공작의 집 주방에서 크리스마스 이브 만찬 디저트를 준비하던 중 디저트가 모두 타버리는 사고가 발생했다. 주방 보조였던 토니Toni 라는 청년은 급히 남은 재료들을 모아 즉흥적으로 빵을 만들었다. 그는 밀가루, 버터, 달걀, 설탕, 건포도, 설탕에 절인 오렌지 껍질을 섞어 반죽을 만들고, 이스트를 넣어 부풀게 한 후 구워냈다. 만찬에서 그 빵이 제공되었을 때, 공작과 손님들은 그 독특한 맛과 부드러운 식감에 크게 감동했다. 빵은 '토니의 빵'이라는 뜻의 '파네 디 토니pane di Toni'로 불리게 되었고, 시간이 지나면서 '파네토네Panettone'로 변형되었다.

또한 롬바르디아는 꿀, 설탕, 아몬드 또는 헤이즐넛으로 만든 전통 디저트인 누가Nougat 가 생산되는 곳으로도 유명하다. 누가는 씹을 수 있는 농도를 지니고 있으며 종종 오렌지나 레몬 껍질로 맛을 낸다.

이러한 디저트는 롬바르디아의 제과 전통을 특징짓는 맛있는 디저트 중 일부에 불과하다. 이 밖에도 롬바르디아에는 지역의 풍부함과 요리의 다양성을 반영하는 다양하고 독특하고 인기 있는 디저트가 많다.

롬바르디아는 지역의 다양한 지형과 기후 조건을 반영한 와인 생산지로 유명하다.

파네토네

크리스마스 마켓의 누가

이 지역은 '네비올로Nebbiolo', '바르베라Barbera' 품종의 레드 와인과 '피노 그리조Pinot Grigio' 및 '샤르도네Chardonnay' 품종의 화이트 와인을 포함해 다양한 고품질 와인이 생산된다.

'카바네Cabane', '프로세코Prosecco'와 같은 다양한 와인이 생산되며 특히 롬바르디아 북쪽에 위치하고 있는 발텔리나Valtellina 지역에서 생산되는 레드 와인 '스포르차토Sforzato'는 매우 유명하다.

종종 샴페인에 비견되는 고품질 스파클링 와인 '프란치아코르타Franciacorta'도 롬바르디아에서 생산된다. 프란치아코르타는 샴페인과 비슷한 전통적인 방법을 사용해 생산되는 유명한 이탈리아 스파클링 와인 중 하나로, 주로 샤르도네, 피노 누아, 피노 비앙코 포도로 만들며 신선하고 지속력을 가진 페를라주Perlage로 높이 평가된다.

'발텔리나 수페리오레Valtellina Superiore'는 발텔리나 산악 지역에서 '키아벤나스카Chiavennasca'로 알려진 네비올로 포도에서 얻은 레드 와인이다. 이 와인은 구조감, 복합성, 과일 향과 꽃 향으로 높이 평가된다.

'스포르차토 디 발텔리나Sforzato di Valtellina'도 발텔리나 지역에서 생산되는 독특한 레드 와인이다. 네비올로 포도로 만들어지며 양조 전 건조 과정을 거쳐 와인의 향과 구조가 더욱 농축된다. 이 와인에는 영원한 사랑의 이야기가 전해진다.

수 세기 전, 롬바르디아 작은 산골 마을에 라이벌 가문의 두 젊은 연인 '줄리아'와 '안토니오'가 살고

프란치아코르타 와인

있었다. 가족들은 그들을 헤어지게 했지만, 그들은 헤어지지 않고 함께 도망치기로 했다. 산봉우리로 피신한 그들은 영원히 사랑할 것을 맹세했다. 산의 가혹한 환경은 그들의 삶을 어렵게 만들었지만, 그들은 서로의 사랑을 보여 주기 위해 산의 가파른 경사면에 계단식 포도원을 가꾸기로 했다. 안토니오는 온갖 역경과 맞서 싸우며 매 순간을 포도나무를 돌보는 데 바쳤고 줄리아는 헌신적으로 그를 도왔다. 수확 때가 되자 안토니오와 줄리아는 포도를 수확했다. 그러나 추운 기후 탓에 완전히 익은 포도를 수확하는 것이 어려워지자, 안토니오는 포도송이를 자연 건조시켜 당분을 농축하고 향기롭게 하여 맛의 복합성을 높이기로 결정했다. 안토니오는 자연 건조한 포도로 와인을 만들었고, 그렇게 탄생한 와인은 강력하고 풀보디하며 복잡한 향이 가득했다. 안토니오와 줄리아는 이 와인을 '스포르차토Sforzato'라고 불렀는데, 이는 어려운 조건에서 포도원을 경작하기 위해 기울인 그들의 엄청난 노력을 반영한 이름이었다.

롬바르디아와 베네토의 접경 지역에 위치하며 가르다 호수를 포함하는 '루가나Lugana'에서는 '투르비아나Turbiana' 포도로 만들어지는 신선하고 과일 향이 나는 화이트 와인이 생산된다. 투르비아나는 DNA 프로파일링을 통해 '베르디키오Verdicchio'와 같은 품종이라고 판명됐다. '보나르다 테라 롬바르다Bonarda Terra Lombarda'는 가볍고 과일 향이 나는 레드 와인을 생산하는 적포도 품종이다. 이탈리아의 다른 지역에서 자라나는 같은 이름의 포도나무와 혼동해서는 안 된다.

롬바르디아 남부에 위치하고 있는 '올트레포 파베제Oltrepò Pavese'도

스포르차토 디 발텔리나 양조 전 포도를 말리는 모습

레드, 화이트, 스파클링 와인이 생산되는 지역으로 유명하다. 재배 품종
으로는 '바르베라Barbera', '피노 누아Pinot Noir', '리슬링Riesling', '모스카토
Moscato' 등이 있다.

롬바르디아는 지리적인 다양성 덕분에 프란치아코르타 스파클링 와
인부터 알파인Alpine 계곡의 강렬한 레드 와인에 이르기까지 다양한 와인
을 생산한다. 와인 애호가라면 롬바르디아의 와인을 경험하는 것이 좋다.

롬바르디아는 다양하고 맛있는 요리와 훌륭한 와인을 제공하는 풍부
한 식문화 전통을 가진 지역이다. 또한 역사, 문화, 축제, 자연 등 매우 다
양한 즐길 거리를 제공하기도 한다. 이탈리아 여행을 계획 중이라면 롬
바르디아 지역을 꼭 들러보기 바란다. 주어진 시간을 알차게 즐기며 많
은 것을 보고 경험하게 될 것이다.

2
스위스, 프랑스와 국경을 접한 피에몬테
Piemonte

피에몬테는 고대부터 중세 시대까지의 다양한 문화와 역사의 영향을 받았다. 로마 제국과 중세 군주들의 통치 아래 번성하였으며, 특히 포르투갈 왕조의 영향 아래 중세 도시로 번성했다. 피에몬테 요리는 특유의 풍부한 맛과 다양한 향신료를 활용한 요리로 유명하며 특히 트러플과 와인으로 유명하다.

'산기슭'을 의미하는 피에몬테Piemonte는 이탈리아 북서부에 위치하고 있는 주이다.

북쪽으로는 스위스와 가까우며 동쪽으로는 롬바르디아Lombardia와 접해 있고, 이탈리아 북부를 가로지르는 포Po 강이 동쪽 경계를 따라 흐른다. 남쪽으로는 리구리아Liguria와 에밀리아-로마냐Emilia-Romagna 지역과 접해 있고 서쪽으로는 프랑스와 국경을 맞대고 있다.

피에몬테는 아름다운 자연과 오랜 역사로 유명하며, 알프스산맥과 아펜니노Apennino 산맥이 이 지역을 둘러싸고 있다.

이 지역은 비옥한 토양과 전략적 위치 때문에 고대부터 무역과 상업의 중요한 중심지가 됐다. 일찍이 로마 제국의 지배를 받았고 기원전 81년에 설립된 고대 로마의 속주 갈리아 키살피나[1]Gallia Cisalpina의 일부

---

1 갈리아 키살피나 알프스산맥 이남의 포강 유역

토리노시

였다. 서로마 제국이 멸망한 후, 5세기에는 동고트족, 6세기에는 동로마 제국과 롬바르드족, 8세기에는 프랑크족의 침략을 받았다. 그 후에도 마자르족, 사라센족, 무슬림 등의 침략을 받았다.

11세기 이 지역은 이탈리아 역사에서 중요한 역할을 하게 될 귀족 가문인 사보이 왕가의 통치 아래 통합됐다. 주도인 토리노 또한 예술, 문학, 과학의 중심지가 됐으며 풍부한 천연 자원과 전략적 위치 덕분에 경제적으로 번영했다.

13세기에는 토스카나 대공국이 이곳을 정복했고, 이후 사보이 왕가와 프랑스는 이곳의 소유권을 두고 계속 전쟁을 했다.

19세기 초에 이르러 이탈리아 통일 운동이 일어나면서 이탈리아의 일부가 됐다.

사보이 왕가의 베나리아 궁전 만찬장

베나리아 궁전 문의 메두사

음식 애효가들은 피에몬테에서 진정한 미식 경험을 할 수 있다. 이 지역의 요리는 대부분 로즈마리, 세이지, 마늘, 등의 허브와 향신료로 향과 맛을 더 많이 전달한다. 지역 특성을 반영한 좋은 현지 재료를 사용하고 풍부하고 맛이 가득한 요리를 만드는 것으로 유명하다.

피에몬테 지역에서 유명한 파스타는 '타야린Tajarin'이라고 불리는 생면 파스타이다. 타야린은 피에몬테의 전통적인 파스타로, 아주 얇고 길며, 일반적인 파스타와는 달리 계란을 많이 사용하여 부드럽고 풍부한 맛을 자랑한다. 타야린은 다양한 소스와 함께

알바 트러플 축제

알바 트러플

즐길 수 있지만, 특히 피에몬테 지역에서는 트러플truffle[2] 소스나 풍미가 강한 라구ragu[3] 소스와 함께 먹는 경우가 많다. 가을에는 '알바Alba' 지역에서 유명한 흰 트러플을 얇게 썰어 얹은, 섬세하고 세련된 맛의 타야린이 매우 인기가 있다.

'바냐 카우다Bagna Cauda'는 마늘과 멸치가 올리브유에 맛있게 녹아들 때까지 볶아 냄비에 담아 내고 작은 불로 따뜻하게 유지하면서 야채나 빵, 때로는 트러플을 담가 먹는 음식이다.

'바롤로 리소토Barolo Risotto'도 이곳의 대표적인 요리이다. 고급 바롤로

---

2 트러플 한글 명칭은 서양 송로버섯이며, 이탈리아어로는 'tartufo'이다. 개나 돼지의 후각을 이용해 채취하는 세계적 진미로, 고가에 거래된다.

3 라구 소스 간 고기와 토마토, 향신료 등으로 만든 걸쭉한 이탈리아 소스의 통칭

트러플 타야린

바냐 카우다

바롤로 리소토

비텔로 톤나토

와인으로 만든 이 리소토는 매우 맛있는 것으로 유명하다.

'아뇰로티 델 플린Agnolotti del Plin'은 속을 채운 작은 라비올리로,[4] 피에몬테에서는 다진 고기 속을 넣어 먹는 경우가 많다. '플린'은 '꼬집다'라는 의미인데, 가장자리를 손으로 꼬집어 만든 독특한 모양을 하고 있다.

알프스산맥을 끼고 있어 목축과 낙농이 발달한 피에몬테는 고기 요리도 유명하다. '비텔로 톤나토Vitello Tonnato'는 얇게 썬 송아지 고기에 참치 소스, 마요네즈, 멸치, 케이퍼를 곁들인 차가운 요리이자 맛있고 상큼한 전채 요리이다.

또한 '브라Bra' 마을에서 유래한 맛있는 소시지 '살시치아 디 브라 Salsiccia di Bra'를 포함하여 스튜, 구이, 절임 등 다양한 형태의 돼지고기 요리도 만나 볼 수 있다.

'볼리토 미스토Bollito Misto'는 다양한 고기를 삶아서 과일 머스터드, 살

---

4 라비올리 고기나 치즈 등으로 속을 채운 파스타로, 이탈리아식 만두라고 할 수 있다.

사 베르데 등의 소스를 곁들여 먹는 전통 요리로, 풍미가 가득한 든든
한 식사이다.

폰두타 피에몬테제Fonduta Piemontes는 스위스 또는 프랑스 퐁듀의 피에
몬테 버전이다. '폰티나Fontina'와 같은 피에몬테 치즈로 만든 이 요리는
뜨겁게 녹인 치즈에 구운 빵이나 야채를 함께 곁들인다.

피에몬테의 치즈는 풍부하고 다양하며 지역의 다양성을
반영하는 전통 치즈가 유명하다.

로비올라 치즈

'로비올라Robiola' 치즈는 소나 양, 염소의 젖으로
만든 것으로, 이 지역에서 가장 잘 알려진 전통 치즈
중 하나이다. 신선하고 크리미한 섬세함으로 높이 평
가된다. 크루통이나 신선한 빵과 함께 즐긴다.

'토마Toma' 치즈는 피에몬테의 또 다른 전통 치즈로, 11세기 로마 제
국 시대부터 만들기 시작했다고 한다. 역사적으로 아주 오래됐고 지역
적으로 다양하게 변형됐다. 토마 치즈는 생산 지역과 가공 기
술에 따라 단단함의 정도가 다를 수 있다.

토마 치즈

'카스텔마뇨Castelmagno'는 장기간 숙성된 압착
치즈로, 13세기부터 만들었다는 기록이 있다. 강
하고 매운맛으로 유명하며 퐁듀나 전통 요리의

---

5 살사 베르데 '녹색 소스'라는 뜻이며 생 허브 등을 다져서 마늘, 양파, 식초, 올리브유 등과 섞어 만든다. 이탈
   리아에서는 식초에 절인 꽃봉오리인 케이퍼와 멸치를 절인 안초비를 넣기도 한다.

6 크루통 빵을 정육면체 모양으로 작게 잘라 구운 것

오첼리 알 바롤로 치즈

카스텔마뇨 치즈

재료로 사용된다.

'브라 두로Bra Duro'는 일반적으로 최소 6개월 동안 숙성하는 단단한 치즈로, 강렬한 맛을 지니고 있으며 보통 단독으로 먹거나 신선한 파스타에 갈아서 먹는다.

'고르곤졸라Gorgonzola'는 원래 롬바르디아산이지만, 피에몬테에서도 인기가 있다. 이 치즈는 독특한 풍미와 '청맥'이라 불리는 치즈를 관통하는 청록색 줄무늬로 유명하다.

오첼리 알 바롤로Occelli al Barolo는 피에몬테 지역의 대표적인 고급 치즈 중 하나로, 바롤로Barolo 와인과의 특별한 조합으로 유명하다. 치즈의 표면은 포도 찌꺼기로 덮여 있어 붉은 색의 독특한 외관을 보여 준다. 주로 우유와 염소유를 혼합하여 만들고, 일정 기간 숙성 후 바롤로 와인 양조 과정에서 나오는 포도 찌꺼기인 포마스pomace에 덮여 다시 숙성된다. 이 과정에서 바롤로 와인의 풍미가 치즈에 깊이 배고 고소한 맛과 과일향이 조화를 이루며 복합적인 풍미가 어우러진다. 부드럽고 크리미한 질감으로 독특한 맛과 풍미를 자랑하는 치즈이다.

피에몬테에서는 지역 생산자들이 자신의 치즈를 모아 주고 판매하는 치즈 전용 행사 및 박람회가 자주 열린다. 이러한 행사에서 방문객들은 다양한 지역 치즈를 맛보고 생산과 전통에 대해 더 많이 배울 수 있다.

피에몬테의 디저트 문화는 이 지역의 요리 전통을 반영하는 다양한 진미를 제공한다.

'토르타 피에몬테제Torta Piemontese'는 피에몬테 지역의 전통적인 헤이즐넛 케이크이다. 지역 특산품인 헤이즐넛에서 나오는 풍부하고 고소한 맛으로 유명하고, 만들기가 간단하다. 잘게 썬 헤이즐넛, 설탕, 달걀로 속을 채운 타르트 형태이며, 가장 유명한 버전은 밀크 초콜릿이 포함된 '토르타 잔두이아 피에몬테제Torta Gianduia Piemontese'이다.

'잔두이아'는 19세기 초 나폴레옹 봉쇄 기간 동안 무역 제한으로 인해 토리노에서 코코아 공급이 부족해졌고, 현지 초콜릿 제조업체가 코코아의 부족을 보완하기 위해 헤이즐넛을 초콜릿에 혼합하기 시작하면서 탄생한 것으로 알려졌다. 헤이즐넛, 헤이즐넛 버터, 코코아매스 등을 혼합하여 만드는데, 오늘날 인기 있는 '누텔라Nutella'의 전신인 스프레드 형태로 발전하기도 했다.

잔두이아를 틀에 찍어 만들기 시작한 '잔두이오토Gianduiotto'는 피에몬테의 전형적인 초콜릿과 현지 헤이즐넛을 혼합해 만든 것으로, 삼각형 모양이 특징이다. 이 초콜릿은 기념품으로 판매되기도 하

피에몬테 헤이즐넛

며 피에몬테 초콜릿의 상징으로 여겨진다.

'부네트^{Bunet}'는 코코아, 달걀, 설탕, 마른 아
마레티^{Amaretti}로 만든 전통적인 피에몬테 푸
딩이다. 벨벳 같은 질감을 지니고 있으며 종
종 럼이나 아마레토^{Amaretto}와 같은 리큐어로

맛을 낸다. 맛이 풍부하고 거부할 수 없는 디저트이다. '아마레티'는 달
콤하고 쓴 아몬드로 만든 작고 건조한 비스킷이다. 보통 차 비스킷으로
먹거나 피에몬테 디저트의 재료로 사용한다.

'보네트^{Bonet}'라는 푸딩도 부네트와 비슷하다. 초콜릿, 코코아, 마카롱,
설탕, 달걀로 만든다. 초콜릿과 아마레토의 조합이다.

토르타 잔두이아 피에몬테제

토리노의 비체린 가게

비체린

'판나 코타Panna Cotta'는 이탈리아 전역에 널리 퍼져 있으며 이 지역에서도 널리 인정받고 있다. 크림, 설탕, 젤라틴으로 만든 달콤한 푸딩으로 바닐라 향이 난다. 종종 베리 또는 캐러멜 소스와 함께 먹는다.

토리노에서 시작된 유명한 디저트 '비체린Bicerin'은 18세기에 커피, 초콜릿, 우유 등 자신만의 음료를 선호했던 신부, 수도사, 바리스타가 세 가지를 모두 결합해 하나의 음료로 만들기로 하면서 탄생했다고 한다. 에스프레소, 핫초코, 우유 또는 크림으로 구성된 레이어드 음료인 비체린은 현지인과 방문객 모두에게 인기가 있다.

복숭아는 피에몬테의 전통적인 여름철 디저트이다. 복숭아 속을 파내고 부서진 아마레티 비스킷, 코코아, 설탕 및 리큐어의 혼합물로 채운 후 오븐에서 구워 휘핑 크림과 함께 먹는다.

피에몬테의 디저트는 좋은 품질의 현지 재료를 사용한다. 피에몬테 디저트는 종종 계절이나 전통 축제와 관련돼 지역 요리 및 문화의 중요한 부분이 된다.

피에몬테의 와인 문화는 지역의 전통에 깊은 뿌리를 두고 있다. 피에몬테는 이탈리아의 가장 유명한 와인 산지 중 하나로, 매우 우수하고 독특한 와인을 생산한다. 또한 이곳은 '바롤로Barolo', '바르바레스코Barbaresco'와 같은 와이너리에서 만드는 와인의 주재료인 '네비올로Nebbiolo' 포도 품종의 재배로 유명하다. 네비올로는 복합성, 강력한 타닌, 꽃과 흙의 향으로 높이 평가된다.

바롤로와 바르바레스코는 보통 피에몬테 와인의 '왕'으로 불린다. 네비올로 포도를 사용해 생산되며 구조, 방향성 및 숙성 능력으로 잘 알

피에몬테의 와인들

려져 있다. 이들은 보통 프랑스의 보르도^{Bordeaus}와 비교된다.

바롤로는 와인 애호가들 사이에서 매우 사랑받는 와인으로, 강렬한 타닌과 복잡한 향이 특징이다. 피에몬테 지역의 대표적인 레드 와인으로, 가장 고가의 이탈리아 와인 중 하나이다. 강한 타닌감과 산미를 지니고 있어서 오랫동안 저장할 수 있고 시간이 지날수록 맛이 깊어지는 특징을 지니고 있다. 이 와인은 매우 진한 맛 때문에 육류 요리와 잘 어울린다.

피에몬테 지역 '랑에^{Langhe}'의 중심부 바롤로에는 와인에 관한 재미있

---

7 산미 신맛이 강하고 생생함을 나타낸다.

는 전설이 전해진다.

머나먼 옛날, 지금까지 만들어진 것보다 뛰어난 와인을 생산하기를 원했던 바롤로 지역의 귀족이 고대 와인의 비밀을 알고 있는 것으로 알려진 신비한 와인 제조업자를 찾아갔다. 와인 제조업자는 귀족이 약속된 시간에 악마에게 아들의 영혼을 바치면 특별한 와인을 생산하는 비결을 알려 주겠다며 거래를 제안했다. 야망과 명성에 눈이 먼 귀족은 그의 제안을 받아들였다. 그리고 와인 제조업자에게 견고하고 복잡한 레드 와인을 생산하는 방법을 알아냈다. 하지만 약속한 시간이 다가왔을 때, 귀족은 악마를 속이고 자신이 기르던 개의 영혼을 바쳤고 이를 알게 된 악마는 그의 포도원에 저주를 내렸다. 포도원은 어두운 그림자에 휩싸였고 그곳에서 생산된 포도주는 마치 깨진 계약의 저주를 담고 있는 것처럼 강렬한 맛을 냈다고 한다.

이와 같은 전설이 전해질 만큼 신비로운 강렬함을 지닌 바롤로는 피에몬테 최고의 와인 중 하나로 남아 있다.

피에몬테는 네비올로 외에도 '돌체토Dolcetto'와 '바르베라Barbera'라는 두 가지 중요한 포도나무를 재배한다. 돌체토는 가볍고 과일 향이 나는 레드 와인을 만드는 반면, 바르베라는 신선한 산미와 접근하기 쉬운 구조의 화이트 와인을 만들어 낸다.

바롤로와 바르바레스코가 위치하고 있는 피에몬테 언덕의 아래 지역인 '랑에' 외의 중요한 와인 지역으로는 '바르베라'가 재배되는 '몬페라토Monferrato'와 네비올로를 생산하는 '로에로Roero'가 있다.

피에몬테의 와인 문화는 전통과 혁신의 조합이 특징이다. 많은 생산자가 전통적인 와인 제조 방법을 유지하면서도 와인의 품질을 개선하기 위해 새로운 기술을 채택하는 데 개방석이다.

　피에몬테 언덕에는 포도원, 셀러cellar 및 와인 농장이 곳곳에 있다. 와인 투어는 이 지역에서 매우 인기가 있어 방문객에게 포도밭을 개방하고 고급 와인을 맛보고 와인 제조 과정에 대해 배울 수 있는 기회를 제공한다.

라 모라 지역의 와인 상점

또한 피에몬테에서는 와인 축제와 같은 행사가 열린다. 이러한 행사는 방문객에게 지역 와인의 다양성을 발견하고 생산자와 교류할 수 있는 기회를 제공한다.

피에몬테의 와인 문화는 이 지역의 삶과 정체성의 근본이다. 이곳의 와인은 뛰어난 품질과 독특한 특성으로 국제적으로 유명하다. 와인에 대한 열정은 피에몬테 어디를 가든 느낄 수 있다. 이 지역은 와인 애호가들에게 진정한 천국이다.

바롤로 지역의 표지판

3
알프스산맥으로 둘러싸인 발레 다오스타

Valle D'aosta

발레 다오스타는 로마 제국 시대부터 다양한 문화적 영향을 받았다. 중세에는 다양한 왕국과 대립하여 그 역사가 풍부한 지역이다. 발레 다오스타의 요리는 간결하면서도 풍부한 맛을 자랑하며, 육류와 치즈 그리고 현지에서 생산된 재료를 사용한 요리가 주를 이룬다.

이탈리아 서북쪽에 위치하고 있는 발레 다오스타Valle D'aosta는 알프스산맥으로 둘러싸인 주이다. 우리에게 많이 알려진 '몽블랑'도 이 지역에 속한다. 서쪽은 프랑스, 북쪽은 스위스, 남동쪽은 피에몬테에 접하고 있다. 인구는 대략 12만 8,000명으로, 이탈리아에서 인구 밀도가 가장 낮은 지역이다.

이곳의 독특한 문화는 이탈리아, 프랑스, 스위스의 영향이 혼합된 것이다. 현지 언어는 '발도탱Valdôtain'으로 알려진 프랑스어와 이탈리아어가 혼합된 것이 쓰이며, 프로방스 계통의 방언을 사용하는 주민도 많다.

아오스타Aosta는 발레 다오스타의 주도로, 인구 3만 5,000명의 소도시이다. 이 아름다운 마을은 이탈리아 알프스의 중심부에 자리 잡고 있고 멋진 산, 계곡 및 빙하로 둘러싸여 있으며 풍부한 역사, 독특한 문화, 숨 막히는 자연의 아름다움으로 유명하다.

발레 다오스타

이 도시의 역사는 로마 시대로 거슬러 올라간다. 이 지역의 최초 정착민은 켈트속과 리구리아족이였시만, 기원전 25년 토마인이 이 지역을 정복했다. 로마는 아우구스투스 황제의 명령으로 이곳에 아오스타의 전신인 '아우구스타 프라에토리아[1]Augusta Praetoria'를 건립하여 전략적으로 산길을 확보했다. 이 지역은 로마 시대의 중요한 군사 전초 기지 역할을 했으며 여러 군사 막사와 요새가 이곳에 세워졌다. 또한 이곳은 알프스를 넘어가는 주요 무역로의 거점 역할을 했다.

아오스타에 들어서면 오늘날에도 두 개의 탑이 측면에 있고 도시의 동쪽 문이었던 포르타 프라에토리아[2]Porta Praetoria를 비롯한 로마인들의 여러 건축물을 볼 수 있다.

아오스타의 자연은 매우 아름답다. 이 마을은 우뚝 솟은 산, 무성한 녹색 계곡, 맑은 강으로 둘러싸여 있다. 이곳에서 가장 인기 있는 관광 명소 중 하나는 산양, 독수리 등 희귀하고 멸종 위기에 처한 여러 야생 동물의 서식지인 '그란 파라디조Gran Paradiso 국립공원'이다. 이곳에서는 스키, 하이킹, 암벽 등반 등 다양한 야외 활동을 즐길 수 있다.

아오스타는 목각, 자수, 레이스 제작 등 전통 예술과 공예품으로도 유명하다. 마을에는 이 지역의 풍부한 문화유산을 전시하는 여러 박물관과 갤러리가 있다.

발레 다오스타의 요리는 따뜻하고 맛있으며 까다로운 미각을 만족시

---

1 아우구스타 프라에토리아 아오스타의 고대 로마 이름

2 포르타 프라에토리아 아오스타에 있는 고대 로마의 성문

아오스타의 고대 로마 건축물

그란 파라디조 국립공원

폰티나 치즈

키기에 적합한 특징을 지니고 있다. 또한 이 지역에서는 진정한 산악 요리를 경험할 수 있다.

발레 다오스타는 알프스와 프랑스 등의 문화 영향을 반영하는 소박한 전통 요리로 유명하다. 추운 산악 지방을 오가며 굳은 치즈를 녹여 먹은 것에서 유래한 스위스의 '라클렛Raclette', 프랑스의 '퐁뒤Fondue'와 같은 '폰두타Fonduta'를 즐겨 먹는다.

폰티나Fontina 치즈와 우유, 버터로 만든 '발도스타나 폰두타Valdostana Fonduta'는 발레 다오스타에서 가장 인기 있는 요리 중 하나이다. 이 맛있는 요리는 일반적으로 딱딱한 빵과 '샤르도네Chardonnay'와 같은 현지 화이트 와인 한 잔과 함께하면 좋다.

'샤르도네'는 '피노 누아Pinot Noir'와 '구애 블랑Gouais Blanc'의 접종으로

서늘한 지역에서 많이 재배되지만, 다양한 기후가 나타나는 곳에서도 적응력이 뛰어나다.

'폰티나Fontia 치즈'는 저온 살균되지 않은 우유로 만든 치즈로, 12세기 알프스산맥의 아오스타 지역에서 처음 생산됐다. 이 치즈는 육류와 잘 어울린다.

전통 요리 중 하나인 '폴렌타 콘치아Polenta Concia'는 폰티나 치즈가 폴렌타와 층을 이루고 오븐에서 구워진 푸짐하고 맛있는 요리이다.

'폴렌타Polenta'는 옥수수 가루를 끓여 먹는 음식인데, 취향에 따라 소시지, 버섯, 고기, 야채 등을 올려 먹는다. 신대륙 작물이었던 옥수수가 들어오기 전에는 밀, 메밀, 호밀 등으로 만들었다.

발도스타나 폰두타

이 지역의 전통 수프는 산악 지대의 기후와 식문화에 맞춰 고안된 따뜻하고 영양가 높은 요리이다. 대표적인 예로는 육수와 함께 양배추, 치즈, 감자로 만드는 '주파 알라 발펠리넨체Zuppa alla Valpellinentze' 수프를 들 수 있다.

고기는 발레 다오스타 요리의 기본 요소이다. 버섯과 허브 폴렌타를 곁들인 '로스트 비프'와 쇠고기, 양파, 적포도주로 만든 고기 스튜인 '카르보나다Carbonada' 등이 있다.

또 다른 전통 요리 '코테키노 콘 렌티키에Cotechino con Lenticchie'는 돼지고기 소시지인 '코테키노'와 '렌틸콩'을 결합해 다양한 맛의 균형을 이룬다.

폴렌타를 곁들인 로스트 비프

아르나디 햄

‘아르나디Arnadi’는 다오스타 계곡에서 생산되고 이탈리아 식품에서 최고 등급을 부여하는 ‘DOP³’ 햄의 일종으로, 지역 환경 덕분에 독특한 맛을 지니고 있다.

발레 다오스타는 지리적 위치와 풍부한 역사가 만든 다채로운 문화 요소를 반영하는 독특하고 맛있는 디저트도 풍부한 곳이다.

호두와 꿀로 만든 케이크인 ‘토르타 디 노치Torta di Noci’는 보통 디저트로 먹거나 축제 기간에 참가자들에게 제공된다.

---

3 DOP(Denominazione di Origine Protetta) 지정 원산지 보호

코테키노 콘 렌티키에

'테골레Tegole'는 '지붕 타일'이라는 뜻을 지니고 있는 발레 다오스타의 전통적인 얇고 바삭바삭한 쿠키이다. 일반적으로 아몬드 가루, 실당, 달걀 흰자로 만든다. 커피나 디저트 와인과 함께 즐기는 경우가 많다.

'파네토네 발도스타노Panettone Valdostano'는 발레 다오스타의 전통적인 크리스마스 케이크이다. 전통적인 파네토네에 지역 특산품이나 특별한 재료를 추가해서 만든다. 일반적으로 밤, 말린 과일, 호두와 같은 현지 재료를 더해 독특한 맛을 선사한다.

'밀레폴리에Millefoglie'는 '수천 개의 잎'이라는 의미이다. 이는 퍼프 페이스트리와 샹티이 크림을 번갈아 겹겹이 쌓고 그 위에 신선한 베리나

---

4 샹티이 크림 설탕과 바닐라 등을 넣고 휘핑한 생크림

테골레

현지 꿀을 뿌린 요리로, 특별한 날에 딱 맞는 디저트이다.

살리뇽Salignon은 리코타 치즈에 향신료와 허브를 섞어 만든 전통적인 치즈 요리이다. 허브와 향신료로 인해 깊고 복합적인 맛을 가진다. 부드러운 질감과 풍부한 맛을 느낄 수 있어 빵에 발라 먹거나 샐러드에 곁들여 먹는 등 다양한 방식으로 즐길 수 있다.

이 디저트들은 현지 재료를 이용해 독특하고 풍부한 발레 다오스타의 맛을 제공한다. 어느 장소에서 즐기든, 여행자들의 입맛을 즐겁게 해 줄 것이다.

발레 다오스타는 와인으로도 유명하다. 발레 다오스타 와인 지역에서는 이탈리아 최고의 와인을 생산한다. 이곳의 와인은 과일 향과 매운맛

밀레폴리에

으로 유명하며 현지 요리와 함께 즐기는 것이 가장 좋다.

아오스타는 오랜 와인 생산 역사를 지니고 있다. 이 시역은 '네비올로 Nebbiolo'와 '피노 누아Pinot noir' 포도로 만든 고품질 레드 와인으로 유명하다. 이 지역에서 가장 인기 있는 와인 중 하나인 '발레 다오스타 DOC[5]'는 가벼운 보디감[6]의 레드 와인으로 현지 요리와 잘 어울린다.

발레 다오스타는 고도가 높은 포도원에서 자란 적포도에서 얻은 '토레테 스푸만테Torrette Spumante'와 같은 스파클링 와인도 유명하다.

이 밖에 인기 있는 와인으로는 '토레테Torrette', '누 말브와지에Nus Malvoisie', '앙페 다르비에Enfer d'Arvier'를 들 수 있다. 이들 와인의 신선함은 이곳에 있는 산의 영향을 받은 것으로 알려져 있다.

발레 다오스타에서 널리 재배되는 '프티 루즈Petit Rouge' 포도 품종으로 만든 '앙페 다르비에'는 상쾌함과 스파이시함이 균형을 이룬 독특한 개성을 지닌 로제 와인[7]이다. 이 와인의 특징으로는 건조함, 향긋함을 들 수 있으며 산악 지형에 영향을 받은 감귤류, 흰 과일 및 미네랄 뉘앙스가 특징이다.

발레 디오스타는 이탈리아 최북단에 있기 때문에 지리적인 면에서 보면 섬처럼 고립돼 있는데, 이들이 토착 품종을 보존할 수 있었던 이유는

---

5 DOC(Denominazione di Origine Controllata) 지정 원산지 통제

6 보디감 와인을 마실 때 입 안에서 느껴지는 밀도와 무게감. 와인의 알코올 함량, 타닌, 산도, 당도, 추출물 등의
   조합에 따라 결정된다.

7 로제 와인 붉은 포도 품종으로 만들지만 레드 와인처럼 짙은 색을 띠지 않고 연한 분홍색 또는 옅은 장밋빛을
   띠는 와인

푸민 레드 와인

로제 와인

바로 이 때문이다.

멸종 위기에서 살아난 발레 다오스타의 사생 품종 '푸민Fumin'은 레드 와인에 어둡고 깊은 색과 맛을 불어넣는다. 이 와인은 과일, 향신료 및 흙내음과 함께 강렬한 특성과 잘 정의된 타닌 구조를 보여 준다.

발레 다오스타 지역의 높은 고도와 알프스산맥의 차가운 기후에서 잘 자라는 '프리에 블랑Prié Blanc'으로 만든 '블랑 드 모르제스 에 드 라 살 Blanc de Morgex et de la Salle'은 고유한 환경에서의 오랜 역사와 전통을 가진 발레 다오스타의 독특한 화이트 와인이다. 크리스털 같은 색상과 과일, 산 꽃의 섬세한 향을 지닌 이 와인은 발레 다오스타 고지대의 특수한 기후 조건이 만든 신선한 산미와 독특한 풍미로 높이 평가받는다. '프리에 블 랑'은 주로 해발 900~1,200m 고지대에서 재배되며, 필록세라[8]Phylloxera 해충에 대한 저항성 덕분에 이 지역에서 살아남은 전통적인 포도 품종 이다.

발레 다오스타의 와인은 산악 지역과 생산자의 열정을 반영하는 독특 한 생태적인 보물이다. 와인 애호가이거나 산지 와인 지역의 정수를 알 고 싶다면 이곳의 와이너리를 반드시 방문해 보기 바란다.

발레 다오스타는 이탈리아의 풍부한 역사, 문화 및 자연의 아름다움을 엿볼 수 있는 독특하고 매력적인 도시이자 이탈리아를 여행하는 모든 사람이 꼭 방문해야 할 곳이다.

---

8 필록세라 포도나무 뿌리를 먹어서 포도 작물에 큰 피해를 끼치는 것으로 악명 높은 해충

발레 다오스타 포도원

4
이탈리아, 오스트리아, 스위스 문화의 교차로 트렌티노-알토 아디제

Trentino-Alto Adige

트렌티노-알토 아디제는 고대부터 다양한 문화와 역사적 영향을 받았다. 오스트리아와 이탈리아의 영향 아래 오랜 기간 독특한 문화를 형성했으며, 특히 중세 시대의 요새와 성곽들이 많다. 트렌티노-알토 아디제의 요리는 알토 아디제 산지의 신선한 식재료를 활용한 요리로 유명하다.

트렌티노-사우스 티롤Trentino-South Tyrol로도 알려진 트렌티노-알토 아디제Trentino-Alto Adige는 오스트리아, 스위스와 접한 이탈리아 최북단의 아름다운 지역이다. 이곳은 자연의 아름다움, 풍부한 역사와 문화, 맛있는 음식과 와인으로 유명하며 이탈리아, 오스트리아 및 스위스 문화의 교차로에 있어 풍부하고 다양한 문화와 역사를 지니고 있다.

이 지역에는 두 개의 뚜렷한 언어 그룹이 있다. '트렌티노Trentino'의 이탈리아어 사용 지역과 '알토 아디제Alto Adige'의 독일어 사용 지역은 두 집단의 문화 정체성을 존중하고 보존하는 강한 전통을 지니고 있으며 이는 지역의 건축, 요리 및 관습에 반영돼 있다.

이곳은 많은 박물관, 갤러리 및 문화 행사와 함께 풍부한 예술과 문화유산을 보유하고 있다. 이곳의 가장 유명한 이벤트 중 하나는 산악

트렌토 국제 영화제 포스터가 걸린 트렌토 거리

문화를 기념하고 영화, 전시회 및 이벤트를 제공하는 '트렌토 영화제 Festival del Cinema Trento'이다.

트렌티노-알토 아디제는 멋진 산, 호수 및 계곡이 있는 자연의 아름다움으로 유명하다. '돌로미티 Dolomiti 산맥'은 유네스코 세계유산으로 등재돼 있으며 방문객들은 하이킹, 스키부터 산악 자전거, 패러글라이딩에 이르는 다양한 활동을 경험할 수 있다.

트렌티노 알토 아디제는 역사적으로 오스트리아와 밀접한 관련이 있다. 알토 아디제의 일부인 '트렌토 Trento'는 오스트리아와 가까운 지역으로, 유럽의 남과 북을 연결하는 중요한 요지였다. 따라서 과서에는 오스트

돌로미테 산장에서 식사하는 사람들

리아와 이탈리아 사이에 이 지역을 두고 다툼이 많았고, 이곳은 다양한 문화적 영향을 받았다.

'볼차노Blozano' 지역은 제1차 세계대전 이후에는 완전히 이탈리아의 영토가 됐고, 로마 제국 시대부터 오스트리아의 합스부르크 제국 시대까지 다양한 지배를 받았다. 19세기부터 20세기 초까지는 오스트리아의 지배를 받았으며 알토 아디제의 중요한 도시였다. 현재 이 지역은 치료 효능이 뛰어난 온천과 좋은 기후 덕분에 유명해졌다. 메라노Merano 같은 많은 지역이 휴양객들을 매료시킨다. 이 매력적인 도시는 여행자에게 중세 건축물, 좁은 거리, 다채로운 주택을 통해 지역의 역사와 문화를 엿볼 기회를 제공한다.

이탈리아에서 가장 큰 '가르다 호수'도 트렌티노-알토 아디제에서 유명한 관광지 중 하나이다. 그림 같은 마을로 둘러싸인 이 호수에서는 보트 타기, 수영, 일광욕을 포함한 다양한 활동을 할 수 있다.

가르다 호수

볼차노의 브레사노네 대성당 내부

이곳의 요리는 이탈리아와 오스트리아, 독일 풍미의 독특한 조합과 지역의 산악 기후에 잘 맞는 풍성함이 특성이다.

고전 티롤식 만두의 일종인 '카네데를리^{Canederli}'는 빵과 우유, 달걀, 절인 햄의 일종인 '스펙^{Speck}' 등을 섞어 반죽해 동그랗게 빚어 만든 이탈리아식 완자 요리로, 이 지역의 대표적인 음식이다. '스펙'은 전통적인 방법에 따라 만드는 이 지역 고유의 훈제 햄으로, 보통 전채 요리의 재료로 사용하거나 단독으로 또는 치즈나 빵과 함께 즐길 수 있다.

'카네데를리'는 옛날 아디제 계곡의 '마리아^{Maria}'라는 뛰어난 요리사

스펙을 판매하는 메라노의 상점

가 향신료, 허브, 빵, 절인 고기나 치즈를 풍부하게 넣고 작은 공 모양으로 만든 완자를 넣고 끓인 수프 '주파 디 카네데를리Zuppa di Canederli'에서 유래했다는 이야기가 전해진다. 마을의 미식가들은 이것을 먹는 것이 큰 즐거움이었고 이 요리는 마을 사람들에게 사랑받아 특별한 날이나 축하의 순간이 있을 때마다 사랑과 정성을 다해 이 만두 수프를 만들었다고 한다. 그리고 마을 축제가 열린 어느 날 산길을 헤매다 마을에 도착한 여행자에게 수프를 대접했고 그 맛에 놀란 여행자가 비법을 묻자 마리아가 수프의 비법을 알려 줌으로써 남티롤 지방의 산악 요리로 더욱 유명해졌다고 한다.

'폴렌타Polenta'는 이탈리아 중북부에서 유래했으며 트렌티노 요리의 기본 음식 중 하나이다. 보통 식사 때 곁들여 먹으며 치즈, 버섯, 고기 또는 소스와 함께 먹기도 한다.

이 지역은 제1차 세계대전이 끝날 때까지 오스트리아-헝가리 제국의 일부였으며 그 후 이탈리아의 일부가 됐다. 이곳의 문화는 오스트리아 문화에 기반을 두고 있고 음식 문화 역시 오스트리아 헝가리의 요리법을 많이 사용한다.

'굴라시 트렌티나[1]Goulash Trentina'는 같은 이름인 헝가리 요리의 이 지역 버전으로, 쇠고기, 감자, 향신료가 주로 사용된다. 이 요리는 전통적인 헝가리의 맛과 특징을 지니고 있다.

숲과 산이 풍부하기 때문에 사슴 고기는 트렌티노-알토 아디제 요리

---

1 굴라시 소고기, 양파, 헝가리 피망, 토미토 퓨레 등으로 끓이는 헝가리 전통 수프

카네데를리와 굴라시

의 일반적인 재료이다. 구이, 조림, 라구 등 다양한 방법으로 조리된다.

이 지역은 현지 우유와 염소유로 만든 버터, 치즈, 요구르트와 같은 유제품으로도 유명하다.

가장 유명한 치즈 중 하나는 방목하는 소의 우유로 만든 반조리 치즈인 '스프레사 델레 주디카리에 Spressa delle Giudicarie'이다. 이 치즈는 3~6개월 정도 숙성시킨 섬세한 맛과 유쾌하고 콤팩트한 질감을 지니고 있으며 이탈리아 북부에서 만들어지는 치즈 중 가장 오래된 치즈이다.

'푸초네 디 모에나 Puzzone di Moena'는 부드러운 질감과 표면을 가진 숙성 치즈인데, 보통 동굴에서 숙성시킨다. 이 치즈는 특정 조건에서 숙성되기 때문에 강렬한 맛과 독특한 향을 지니고 있다.

'그라나 트렌티노Grana Trentino'는 장기간 숙성된 단단한 치즈인 '그라나 파다노Grana Padano'의 현지 변종이다. 거친 질감과 함께 풍부한 견과류 맛이 난다.

또 다른 잘 알려진 치즈는 이탈리아와 오스트리아 국경 지역에서 생산되는 단단한 치즈인 '몬타지오Montasio'이다. 이 치즈는 복잡하고 향긋한 풍미를 지니고 있으며 여러 숙성 단계에 따라 풍미와 질감이 다양해진다.

'카졸레Casolét'는 전형적인 알토 아디제의 신선한

몬타지오 치즈

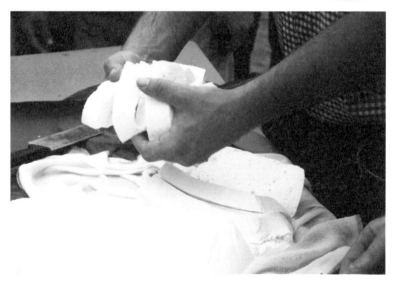

치즈 장인이 금방 만든 신선한 치즈

몬타지오 치즈를 파는 볼차노의 시장

치즈로, 생우유로 만든다. 주로 가을과 겨울에 '발 디 솔레 Val di Sole'에서 많이 생산된다. 향기로운 허브로 맛을 내고, 크림 같은 질감과 부드러운 맛이 있어 애피타이저나 스낵으로 먹는다.

방목하는 소의 우유로 만든 경화 치즈인 '베체나 Vezzena'도 있다. 이 치즈는 치밀한 구조와 부드럽고 조화로운 맛을 지니고 있다.

트렌티노-알토 아디제의 치즈 생산은 지역 농촌의 전통과 깊은 연관이 있다. 이 지역의 치즈 장인들은 품질과 진정성을 중시하는 생산 방식을 통해 지역의 특성과 전통을 그대로 담아낸다. 지역 요리 유산의 귀중한 부분을 대표하며 산의 환경과 생산자의 열정을 반영하는 다양한 맛과 질감을 보여 준다.

트렌티노-알토 아디제의 디저트는 인근 국가의 영향을 받아 다양하

스투르델 디 멜레

고 맛있는데, 소박하면서도 만족스러운 맛과 고산 기후에 어울리는 특징을 지니고 있다.

가장 상징적인 디저트 중 하나는 사과, 건포도, 견과류 및 향신료로 채워진 얇은 반죽의 '스트루델 디 멜레 Strudel di Mele'이다. 이것은 남부 티롤 지역의 전형적인 사과 스트루델로, 오스트리아의 영향을 받았다.

'크노데 Knöde'는 과일, 잼으로 속을 채우거나 치즈를 곁들인 경단 또는 만두 같은 것을 일컫는다. 이 음식은 독일에서 유래됐으며 구운 고기 또는 스튜와 함께 먹거나 후식으로 먹는다.

'첼텐 Zelten'은 말린 과일, 설탕에 절인 과일, 견과류, 건포도를 넣은 일종의 매콤 달콤한 전통적인 크리스마스 케이크이다. 여러 복합적인 맛이 나며 아이들에게 겨울에 많이 만들이 준다.

잼이나 크림으로 채워진 달콤한 도넛의 일종인 '크라펜Krapfen'도 있다.

'스트라우벤Strauben'은 팬케이크와 비슷한 반죽을 깔데기에 넣고 기름에 부어 소용돌이 모양처럼 튀긴 디저트이다. 설탕이나 잼을 곁들여 바삭할 때 먹는다.

'카네데를리 돌치Canederli Dolci'는 전통적인 카네데를리의 달콤한 변형이다. 빵, 우유, 달걀과 말린 과일로 맛을 내며 보통 시럽이나 소스와 함께 먹는다.

크리스마스 과자로는 '파네토네Panettone'의 현지 변형인 '파네토네 알토 아디제Panettone Alto Adige'가 있다.

첼텐과 스트루델 등을 파는 트렌토의 거리 상점

스트라우벤

현지 재료와 전통에 대한 사랑이 담긴 이곳의 디저트에서 알프스의 정체성과 다양한 요리 문화를 융합한 기억에 남는 독특한 맛을 경험힐 수 있다.

이 지역은 알파인 포도원의 신선함을 반영하는 '피노 그리조Pinot Grigio', '소비뇽 블랑Sauvignon blac', '샤르도네Chardonnay' 등 신선하고 생기 넘치는 화이트 와인과 '라그레인Lagrein' 및 '테롤데고Teroldego'와 같은 레드 와인으로 유명하다.

이 지역 와인의 독특한 특징 중 하나는 지리적 위치와 문화의 영향을 받아 이탈리아와 독일의 포도나무를 모두 재배한다는 것이다. 이러한 이중성은 생산되는 와인에 반영된다.

트렌토 지방에서는 '샤르도네Chardonnay'와 '피노 누아Pinot noir' 포도를 사용해 생산되는 고전적인 방식의 스파클링 와인 '트렌토 DOC'가 유명하며 이 스파클링 와인은 우아함과 신선함, 향긋함을 자랑한다.

가장 잘 알려진 자생 포도나무는 '테롤데고Teroldego'로, 강렬하고 깊은 레드 와인을 생산하며 보통 흙 향과 함께 붉은색과 검은색 과일 향이 난다. 이는 알토 아디제 지역의 전형적인 포도 품종이다.

또 다른 포도나무는 '라그레인Lagrein'으로, 깊고 어두운 색을 띠며 과일 향과 스파이시한 특성을 지닌 레드 와인을 생산한다. 이 포도 품종은 특히 알토 아디제에 널리 퍼져 있다.

독일 품종인 '게뷔르츠트라미너Gewürztraminer'는 꽃 향과 스파이시한 향이 풍부한 화이트 와인을 생산하는 향기로운 포도나무이다. 이 포도는 복합적인 향긋함으로 높이 평가된다.

테롤데고 포도

라그레인 포도

트렌티노-알토 아디제의 가장 큰 특징은 장인적인 접근 방식과 환경 지속 가능성에 대한 관심이다. 와인 생산사들은 그 지역을 존중하는 진통적인 방법을 통해 와인의 본래 품질을 보존하려고 노력한다.

볼차노Blozano 지방에 위치하고 있는 '무리-그리에스 수도원Abbazia di Muri-Gries'은 오래전 수도사의 우연한 발견을 담고 있는 건조 와인으로 유명하다.

수 세기 전 열정적인 포도 재배자였던 '무리-그리에스 수도원'의 수도사들은 우연히 이 지역의 와인 생산 방식을 변화시킬 기술을 발견했다. 유난히 추운 겨울, 남겨진 포도송이를 수확하는 것을 잊어버렸던 수도사들은 이듬해 봄에 '건조된' 포도가 당분을 농축하는 과정을 거쳐 강렬한 풍미와 향기로운 복합성을 지닌다는 사실을 알아차렸다. 그들은 건조된 포도로 특별한 와인을 생산했고, 이 와인은 빠르게 유명세를 탔다. 이후 겨울에 포도송이를 내버려 두어 시들게 하는 관행은 무리-그리에스 수도원의 와인 제조 전통에서 필수적인 부분이 됐다.

트렌토 DOC 와인

무리-그리에스 수도원의 이야기는 새로운 것을 수용하여 특별함을 창조하는 지역 와인 생산자들의 지속적인 혁신을 보여 준다.

트렌티노-알토 아디제의 와인은

트렌토 DOC 와인 셀러

이탈리아 전통과 독일 영향의 매혹적인 조합을 나타내며 산악 지형과 현지 생산자의 열정을 반영하고 있다.

트렌티노-알토 아디제는 이탈리아 북부의 풍부한 역사, 문화 및 요리를 엿볼 수 있는 독특하고 아름다운 지역이다. 놀라운 자연의 아름다움, 다양한 건축물, 맛있는 음식과 와인은 여행자들에게 완벽한 목적지이다. 고대 도시를 여행하거나 산에서 하이킹을 하거나 지역의 훌륭한 요리를 맛보는 데 관심이 있다면 꼭 한번 방문해 보기 바란다.

5
다양한 문화적 영향,
아름다운 풍경,
풍부한 요리
프리울리-베네치아
줄리아
Friuli-Venezia Giulia

프리울리-베네치아 줄리아 지방은 고대부터 다양한 문화적 영향을 받았다. 고대 로마, 비잔티움 제국, 오스트리아, 베네치아 공화국 등 다양한 제국과 국가에 속해 있었다. 이 지역의 요리는 여러 문화의 영향을 받아 특유의 다양성과 풍부한 맛을 자랑하며, 특히 해산물 요리와 신선한 채소를 활용한 요리가 유명하다.

프리울리-베네치아 줄리아Friuli-Venezia Giulia는 이탈리아 북동부에 위치하고 있는 아름다운 지역으로, 오스트리아, 슬로베니아와 국경을 접하고 있다. 이곳은 풍부한 역사와 문화, 독특한 자연의 아름다움, 다양한 요리 전통이 있어 여행객에게 완벽한 곳이라 할 수 있다. 이곳의 요리는 지리적 위치와 역사의 영향을 받아 이탈리아, 오스트리아 및 슬로베니아의 다양성이 독특하게 혼합됐다.

프리울리-베네치아 줄리아는 다양하고 복잡한 역사를 지니고 있다. 이 지역은 '켈트족', '베네티족', '로마인'이 거주했고, 중세에는 롬바르드 왕국과 신성 로마 제국의 일부가 됐다. 16세기에는 베네치아 공화국의 일부가 됐으며 이 지역의 문화, 건축, 요리는 많은 영향을 받았다.

또한 이 지역은 슬로베니아, 오스트리아와 가까워 많은 영향을 주고받았다. 이 지역의 동부에 집중된 슬로베니아 소수 민족은 그들의 언어

미라마레 성

그라도 군도 마을의 운하

와 관습, 전통을 이어왔으며, 이 지역 서부의 건축과 요리에서는 오스트리아의 영향을 볼 수 있다.

프리울리-베네치아 줄리아는 수많은 축제, 박람회, 행사가 열리는 활기찬 곳으로도 유명하다. 가장 유명한 행사 중 하나는 전 세계의 영화 제작자와 영화광을 끌어들이는 '트리에스테Trieste 국제 영화제'이다.

트리에스테는 프리울리-베네치아 줄리아에서 가장 유명한 관광 명소 중 하나이다. 이 매력적인 도시는 풍부한 역사를 지니고 있으며 바다를 마주하고 있는 '우니타 디탈리아Unità d'Italia 광장'과 아름다운 '미라마레Miramare 성'을 비롯한 많은 문화 명소가 있는 곳이다. 이 지역은 '고

우니타 디탈리아 광장

리치아^{Gorizia} 성'과 '우디네^{Udine} 성' 등 많은 성이 있어서 중세 시대를 엿
볼 수 있다.

　프리울리-베네치아 줄리아는 자연의 아름다움을 자랑하는 지역이기
도 하다. '줄리안 알프스^{Julian Alps}'의 험준한 봉우리부터 '콜리오^{Collio}' 와
인 지역의 구불구불한 언덕에 이르기까지 다양한 풍경을 지니고 있다.
그리고 아름다운 해변과 맑고 투명한 바다가 있는 멋진 아드리아 해안
선의 본고장이기도 하다.

　프리울리-베네치아 줄리아는 이탈리아, 슬로베니아, 오스트리아의
영향으로 다양한 요리가 발달한 미식의 천국이다. '프로슈토 디 산 나니

엘레Prosciutto di San Daniele'와 같은 질 좋은 절인 고기와 '몬타지오Montasio', '아시아고Asiago' 같은 맛있는 치즈로 유명하다.

이곳의 유명한 요리 중 하나는 잘게 썬 몬타지오 치즈와 감자를 결합해 만든 바삭한 치즈 팬 케이크인 '프리코Frico'이다. 다른 인기 있는 요리는 '조타Jota'로, 콩, 소금에 절인 양배추, 감자로 만든 푸짐한 수프이다. 또 다른 절인 고기인 '살라메 디 사우리스Salame di Sauris'도 유명하다.

이곳은 아드리아해와 인접해 있어 해산물 요리도 유명하다. 가장 유

프리코

스캄피 요리

명한 요리로는 폴렌타와 함께 먹는, 다양한 해산물이 들어간 생선 스튜인 '브로데토Brodetto'를 들 수 있다. 감자와 양파를 곁들인 소금에 절인 대구 스튜인 '바칼라 알라 트리에스티나Baccalà alla Triestina'와 토마토 기반의 소스로 요리한 스캄피[1] Scampi 요리인 '스캄피 알라 부자라Scampi alla Busara'는 이곳의 주식이기도 하다.

이 지역은 지역성을 반영하는 다양한 치즈로 유명하며 잘 알려진 치즈 중 하나는 주로 우디네Udine 지방과 고리치아Gorizia 지방에서 생산되

---

1 스캄피 유럽산 가재 또는 노르웨이 랍스터로, 이딜리아를 비롯한 지중해 지역에서 인기 있는 해산물 요리이다.

는 단단한 치즈인 '몬타지오 Montasio'이다. 몬타지오는 숙성 기간이 다양하며 독특한 맛과 질감 등 다양한 특성을 지니고 있다. 파스타 요리에 갈아서 먹거나 테이블 치즈로 먹는 등 현지 요리에 자주 사용된다.

프리울리-베네치아 줄리아의 양유 치즈는 이 지역의 중요한 유제품 유산을 대표하며 독특한 특성으로 높이 평가된다. 단독으로 먹기도 하지만, 전통적인 조리법대로 사용하면 이탈리아 북동부의 요리 전통과 지역의 맛을 느낄 수 있다.

'포르마디 프란트 Formadi Frant' 치즈는 프리울리-베네치아 줄리아의 '카르니아 Carnia' 지역, 특히 '카르닉 알프스 Alpi Carniche 산' 계곡에서 생산

양유 치즈들

된다. 생양유로만 만들어 수 개월 간 숙성시킨 제품이다. 촘촘한 농도와 복합적인 아로마 프로필을 갖고 있으며 때로는 알파인 목초지에서 채취한 허브와 꽃 향이 난다.

'페코리노 프리울라노Pecorino Friulano'는 이곳에서 생산된 양유로 만든 전통 치즈이다. 약간 단단하고 헤이즐넛 향이 나는 산미가 느껴진다. 이 치즈는 특유의 맛과 향을 내기 위해 몇 달 동안 숙성시키기도 한다.

'카초테 디 페코라Caciotte di Pecora'는 프리울리-베네치아 줄리아의 여러 지역에서 양유로 만든 치즈이다. 이 치즈는 반연질에서 반경질까지 다양한 질감을 가질 수 있으며 순하고 버터 같은 맛부터 강렬하고 톡 쏘는 맛까지 여러 가지 맛을 지닐 수 있다. 테이블 치즈나 요리에 사용된다.

'루스티코 프리울라노Rustico Friulano'는 양유와 우유, 때로는 양유와 염소유를 혼합해 얻은 치즈이다. 이 치즈는 산악 지역에서 생산되며 숙성돼 독특한 맛이 난다. 반경질의 질감과 양유에서 유래한 단맛이 어우러진 고소한 맛을 지니고 있다.

우유로 만든 반경질 압착 치즈인 '라테리아Lateria'도 이곳의 자랑이다. 프리울리-베네치아 줄리아의 디저트는 이 지역의 다채로운 요리 전통을 맛있게 표현한 것이다. '구바나Gubana'는 프리울리 지역에서 탄생한 전통 디저트로, 호두, 헤이즐넛, 아몬드 등의 말린 과일과 설탕, 건포도, 계피 등의 향신료를 넣어 만든 빵이다. 발효한 반죽과 재료를 달팽이 집

구바나

모양으로 말아 굽는다. 단면에도 나선형 무늬가 나타나며, 그라파[2]^{Grappa}
나 화이트 와인과 함께 먹으면 맛이 풍부해진다.

　'프레스니츠^{Presnitz}'는 특히 트리에스테 지역과 연관이 있는 디저트
이다. 호두, 잣, 건포도, 설탕에 절인 과일로 채워진 일종의 '슈트루델
^{Strudel}'로, 겉 페이스트리는 얇고 바삭바삭하며
속은 풍부하고 향긋하다. 이것도 달팽이 집 모
양으로 감아 굽는다. 이 케이크는 19세기 초
오스트리아 황제를 위해 처음으로 만들었다
고 한다.

프세스니츠

2　그라파 포도주를 만들고 남은 포도 찌꺼기(껍질, 씨, 줄기 등)를 발효시켜 증류한 것으로, 주로 이탈리아
　북부에서 생산되는 이탈리아를 대표하는 증류주이다.

스트루콜로 데 포미

토르타 살라타

'프리코Frico'는 정확히 디저트는 아니지만, 달콤한 버전도 있는 전통 요리이다. 원래는 치즈와 감자로 만든 요리이지만, 치즈에 설탕, 바닐라 같은 향료를 곁들여 달콤하게 만들어 종종 디저트로 먹는다.

'스트루콜로 데 포미Strucolo de Pomi'는 트리에스테의 전형적인 디저트 인데 사과, 건포도, 잣, 계피로 채워진 슈트루델이다. 반죽이 얇고 속 재 료를 감싸는 겉은 바삭바삭한 층을 형성한다. 따뜻하게 먹어도 맛있고 차게 먹어도 맛있다.

토르타 살라타Torta Salata는 다양한 재료를 사용한 짭짤한 타르트로, 프 랑스의 바삭한 케이크인 갈레트와 비슷한 반죽을 얇게 펴서 채소, 치즈,

프리울리 콜리 오리엔탈리 와인

고기 등을 채워서 굽는다.

이들 디저트는 프리울리-베네치아 줄리아 지역의 문화적 다양성을 반영하며 맛과 전통이 혼합된 독특한 미식 경험을 제공한다.

프리울리-베네치아 줄리아는 '프리울라노Friulano', '피노 그리조Pinot Grigio'와 같은 콜리오Collio 지역의 화이트 와인과 '레포스코Refosco', '스키오페티노Schioppettino'와 같은 콜리 오리엔탈리 델 프리울리Colli Orientali del Friuli 지역의 레드 와인을 생산하는 이탈리아 최고의 와인 본고장 중 하나이기도 하다.

이곳의 와인 지역인 '콜리오'는 여행객이 꼭 방문해야 할 곳이다. 이탈리아 최고의 화이트 와인을 생산하는 곳 중 하나로, 여행객들은 그림 같은 포도밭을 구경하고 와인을 시음하고 주변 언덕의 멋진 전망을 즐길 수 있다.

'프리울라노Friulano'는 콜리오의 가장 특징적인 화이트 와인 중 하나이다. 아몬드와 흰 꽃 향부터 흰 과육 향까지 다양하고 복합적인 아로마 프로필로 잘 알려져 있다. '프리울라노 델 콜리오Friulano del Collio'는 신선함과 시간이 지남에 따라 숙성도가 올라가는 것으로 높이 평가된다.

'리볼라 잘라Ribolla Gialla'는 콜리오에 널리 퍼진 또 다른 청포도 품종이다. 신선하고 생기 넘치고 향긋하며, 시트러스 향과 기분 좋은 산미가 특징이다. '리볼라 잘라 델 콜리오Ribolla Gialla del Collio'는 맛과 스타일의 다양성과 독특한 특성으로 인해 높이 평가된다.

'말바지아 이스트리아나Malvasia Istriana'는 향기롭고 복잡한 와인을 생산하는 청포도 품종이다. 콜리오의 말바지아 이스트리아나 와인은 흰 꽃과 열대 과일의 향긋한 냄새, 생기 넘치는 신선함과 우아함이 특징이다.

레드 와인의 '메를로Merlot'는 콜리오에서 가장 많이 재배되는 적포도 품종이다. '콜리오 메를로Collio Merlot'는 부드럽고 둥근 보디감, 잘 익은 붉은 과일 향과 매콤한 향으로 높이 평가된다. 부드럽고 과일 향이 나는 스타일로 양조돼 마시기에 좋다.

'카베르네 프랑Cabernet Franc'은 콜리오에 널리 퍼져 있는 또 다른 적포도 품종이다. '콜리오 카베르네 프랑Collio Cabernet Franc' 와인은 검은 과일, 허브, 향신료의 복합적인 향과 우아한 구조감, 입안에 오래 지속되는 여운이 특징이다. 이 와인은 좀 더 전통적인 스타일로 양조된다.

'카베르네 소비뇽Cabernet Sauvignon'도 콜리오에서 성공적으로 재배됐다. '콜리오 카베르네 소비뇽Collio Cabernet Sauvignon'은 검은 과일, 담배, 향신료 향이 강렬하며 구조감이 좋다. 종종 깊이와 복잡성을 더해, 보다 현대적 인 스타일로 양조된다.

콜리오 지역은 독특한 테루아와 오랜 와인 제조 전통 덕분에 이탈리 아에서 가장 독특하고 인기 있는 와인을 계속 생산하고 있다.

'토카이 프리울라노Tocai Friulano'는 프리울리−베네치아 줄리아 지역에 서 생산되는 유명한 화이트 와인이다. 이 와인은 우아함, 신선함, 아로 마틱한 복합성을 지니고 있다. 주로 이 지역 토종 품종인 토카이 프리

콜리오 와인 서밋

울라노 포도로 만들어지며 와인의 품질을 보장하기 위해 포도를 신중하게 선택한다.

토카이 프리울라노 포도는 프리울리 언덕에서 자란다. 이곳의 시원한 기후와 미네랄이 풍부한 땅은 와인의 구조와 독특한 향기를 만드는 데 도움을 준다. 이 와인은 밀짚색에서 황금색에 이르는 색상을 갖고 있다. 청사과, 복숭아와 같은 과일 향, 꽃 향, 스파이스 향에 이르기까지 다양하고 복합적인 향을 선사한다. 입안에서는 신선하고 생기가 넘치며 기분 좋은 산도를 지닌다. 건조한 버전부터 약간의 향이 나는 버전, 보다 구조화되고 복잡한 버전에 이르기까지 다양한 스타일로 만들어지며 때로는 목재에서 잠시 숙성시키기도 한다.

이 와인은 생선 요리, 신선한 치즈, 절인 고기 등 프리울리 지역 요리와 잘 어울린다. 용도가 다양해 일상적인 식사부터 특별한 행사까지 여러모로 쓰임이 다양하다. 토카이 프리울라노는 'DOC' 등급을 받아 와인의 원산지와 품질을 보장한다. 이러한 토카이 프리울라노는 기원을 알려 주는 전설이 전해진다. 토카이 프리울라노의 전설은 프리울리-베네치아 줄리아의 풍부한 와인 전통에 마법 같은 손길을 더해 준다.

오래전 고대 프리울리아 마을에 포도원을 헌신적으로 일구는 '조반니Giovanni'라는 농부가

콜리오 리볼라 잘라 와인

살았다. 어느 날 밤 그가 포도원에 있을 때 빛이 나는 인물이 다가오는 것을 봤다. 그 인물은 바로 빛나는 날개와 금빛 포도 바구니를 가진 포도원의 천사였다. 조반니의 열정과 헌신에 감동한 천사는 조반니의 바구니에 황금 포도 한다발을 넣고 이 포도가 지역 사회에 기쁨과 번영을 가져올 특별한 포도주를 생산할 것이라며 조심스럽게 재배하라고 말했다. 조반니는 천사의 지시를 따라 사랑과 헌신으로 포도원을 경작했다. 수확 때가 된 포도는 즙이 많았으며 태양처럼 황금빛이었다. 와인은 향긋하고 풍부하며 기분 좋은 과일 향이 났다. 조반니의 토카이 프리울라노 와인은 곧 지역 전체에서 유명해졌다. 마을 사람들은 이 와인을 마실 때마다 축복을 받고, 땅과 천사의 긍정적인 에너지와 연결된다고 믿었다.

프리울리-베네치아 줄리아는 이탈리아의 풍부한 역사와 문화를 엿볼 수 있는 독특하고 아름다운 지역이다. 놀라운 자연의 아름다움, 다양한 건축물, 맛있는 음식과 와인은 여행객에게 이상적이다. 고대의 성을 탐험하거나, 해변에서 휴식을 취하거나, 지역의 훌륭한 요리를 맛보는 데 관심이 있다면 프리울리-베네치아 줄리아에 방문해 보기를 바란다.

6

역사적 매력, 그림 같은 풍경, 풍부한 문화유산의 베네토
Veneto

베네토는 로마 제국과 중세 시대에 중요한 역할을 했다. 베네토 공화국은 중세 유럽에서 권력을 행사했고, 이탈리아 르네상스의 중심지로 발전했다. 베네토 요리는 다양한 맛과 풍미를 자랑하며, 리소토, 해산물 요리 등이 대표적이다.

이탈리아 북동부 지역인 베네토Veneto는 역사와 문화 그리고 아름다운 자연 경관으로 유명하다. 이곳은 북부 지방의 몇몇 도시 중 역사적으로 가장 발전했던 도시인 베네치아를 중심으로 펼쳐지는 풍부한 역사와 문화 그리고 맛있는 음식과 와인 등으로 유명하다.

베네토 지역의 역사는 기원전 7세기부터 시작됐다. 이 지역은 베네티Benetii족이 거주했으며 로마 제국 통치 때 통합됐고, 이후 서로 다른 문화와 영향력이 결합한 지역이 됐다.

고대부터 중세를 거쳐 르네상스 시대에 이르기까지 베네토에는 많은 건축물과 예술 작품이 만들어졌다. 이곳은 이탈리아의 문화 중심지 중 하나로 인정받고 있으며 세계유산으로 등록된 많은 역사적인 건축물과 박물관이 있다.

베네토 지역에서 가장 유명한 관광지는 '베네치아Venezia'이다. 베네치

아는 독특한 섬과 운하, 세련된 건축 양식으로 유명하며 유네스코 세계
유산으로 인정받은 곳이다. 베네치아는 운하, 성당, 박물관, 미술관, 리
알토 다리, 산 마르코 광장 등으로 유명하다. 베네치아는 독특한 건축
양식을 사용하는 세계에서 유일한 운하 도시이다.

이 밖에도 베네토 지역에는 로미오와 줄리엣의 무대가 됐던 도시 '베
로나Verona'와 아름나운 사연공원이 있다. 베네토의 아름다움은 도시의
건축물뿐 아니라 자연 경관에서도 발견할 수 있으며 이곳의 자연은 트
레킹과 하이킹을 즐길 수 있는 훌륭한 장소이다. 베네토 지역에서는 다
양한 축제와 이벤트가 개최된다.

리알토 다리가 보이는 베네치아 운하

베네치아

아레나 공연장

　베로나에서는 오페라 축제가 열리는데, 이 축제는 3만여 명을 수용할 수 있는 고대 원형 경기장인 '아레나Arena'에서 펼쳐진다. 야외에서 로맨틱한 분위기와 함께 유네스코 세계유산으로 지정된 아레나에서 수준 높은 음악가들의 생생한 목소리를 들을 수 있다.

　셰익스피어의 희곡 「로미오와 줄리엣」의 배경이 됐던 베로나에서는 사랑 이야기에 대한 축제인 '베로나 인 러브'도 매년 개최된다. 이 행사에서는 고전적인 음악 공연과 연극, 파티와 퍼레이드 등이 열리며 방문객들은 다양한 이벤트와 축제를 즐길 수 있다.

베로나 줄리엣의 집 머그

베네치아 가면

베파나 레가타

'베네치아'라고 하면 떠오르는 축제로는 '베니스 카니발Carnevale di Venezia'과 '레가타Regatta'를 들 수 있다.

화려한 의상과 정교한 가면으로 유명한 베니스 카니발은 세계 3대 카니발 중 하나이다. 이탈리아의 최대 축제이자 세계 10대 축제이고, 전 세계 그리스도교의 축제이기도 하다. 매년 300만 명이 찾아오며 '산 마르코 광장Piazza di San Marco'을 중심으로 가면 축제, 가장행렬, 불꽃 축제, 연극 공연 등이 펼쳐진다.

'카니발'은 사순절을 앞두고 먹고 마시고 노는 그리스도교 전통 축제이다. 카니발의 어원을 고기를 의미하는 '카르네Carne'와 연관 짓는 것은 그리스도교의 전통에 근거한다. 카니발 기간 동안 베네치아 사회는 사순절의 금욕과 참회 기간 전 어느 정도 방탕과 쾌락을 즐기는 것을 허용했다. 그리스도의 수난을 기억하고 금욕을 시작하는 사순절이 되기 전에 풍족하게 먹고 마시는 연회를 벌이고 가면무도회 축제를 즐기는 풍습이 카니발이 된 것이다. 가면은 베네치아 카니발의 중요한 요소인데, 가장 전형적인 것은 '바우타Bauta'와 '모레타Moretta'이다. 바우타는 세 모서리의 모자와 긴 망토가 특징인 가면이고, 모레타는 입이 없고 작은 용수철로 고정돼 있는 검은색 가면이다.

그림처럼 아름다운 대운하를 따라 펼쳐지는 '레가타'는 베네치아만의 독특한 곤돌라Gondola 경주이다. 전문 곤돌라 사공들이 곤돌라, 트라게토Traghetto 등 전통적인 배를 타고 베네치아 운하에서 경주와 행사를 벌인다.

'베파나 레가타Befana Regata'는 베네치아에서 매년 1월 6일 주현절을

레가타 스토리카

기념하여 열리는 매혹적인 축제이다. 주현절 밤에 어린이들에게 선물
을 가져온다는 전설 속 늙은 마녀 '베파나' 복장을 한 곤돌라 사공들이
축제의 색으로 장식된 보트를 타고 흥미진진한 경주를 펼치며 지역 주
민과 관광객을 매료시킨다.

'레가타 스토리카Regata Storica'는 매년 9월 첫 번째 일요일에 개최되는
베네치아에서 매우 중요한 행사 중 하나이다. 경주에 앞서 16세기의 전
통 의상을 입은 사공들이 아름답게 장식된 배를 타고 물 위에서 화려한
퍼레이드를 펼친다. 베네치아의 역사와 문화로 가득찬 분위기에서 스포
츠 경기와 고대 전통 축제가 어우러지는 화려한 행사를 즐길 수 있다.

레가타 스토리카는 전통 곤돌라 대회를 통해 베네치아의 역사를 기념하는 연례 행사로, 도시의 문화적·역사적 중요성을 강조한다.

두 레가타 모두 베니스의 풍부한 전통과 축제 분위기에 푹 빠질 특별한 기회를 제공한다.

베네토에서는 역사와 지리와 현지 재료의 영향을 받은 다양한 요리를 즐길 수 있다. 이곳은 바다, 산, 언덕으로 둘러싸여 있어 다양한 종류의 재료를 구할 수 있다. 쌉쌀한 단맛을 지닌 치커리의 일종인 '라디키오 Radicchio' 요리 등이 유명하다. 또한 베네토 지역의 해산물 요리는 세계적으로 유명하며 특히 베네치아에서는 신선한 해산물을 이용한 다양한 요리를 맛볼 수 있다.

폴렌타 에 스키

라디키오 샐러드

베네토에서 가장 인기 있는 요리로는 호박 리소토인 '리소토 알라 주카 Risotto alla Zucca', 작은 새우가 들어간 '폴렌타 에 스키Polenta e Schie', 현지 소금에 절인 대구 요리인 '바칼라 알라 비첸티나baccalà alla vicentina'가 있다.

베네치아와 키오자Chioggia에서는 달콤하고 시큼한 정어리, 오징어 먹물 리소토와 같은 요리도 볼 수 있다.

베네토는 '아지아고Asiago', '몬테 베로네제Monte Veronese' 빛 '그라나 파다노Grana Padano'를 포함한 다양한 치즈의 고향이기도 하다.

'아지아고'는 젖소의 우유로 만든 반강체 치즈로, 신선 치즈와 숙성 치즈의 두 가지 종류가 있다. 무게는 8~14kg 정도이다. 신선한 아지아고는 크리미하고 부드러워서 샌드위치나 샐러드에 사용하고, 9개월 이상 숙성된 아지아고는 테이블 치즈나 요리용으로 사용한다.

'몬테 베로네제'는 우유로 만든 단단한 치즈로, 과일 향과 견과류 향이 난다.

아지아고 치즈

'그라나 파다노'는 파마산[1] 치즈와 비슷하지만, 좀 더 부드러운 맛이 나는 단단한 치즈이다.

베네토 지역은 이탈리아에서 가장 유명한 와인 중 하나인 '프로세코Proseco' 외에도 여러 맛있는 와인이 생산된다. '발폴리첼라Valpolicella', '바르돌리노Bardolino', '레초토Recioto'를 포함해 다양한 와인을 생산하는데, 중요한 와인으로는 말린 포도로 만든 풍부한 풀보디 레드 와인 '아마로네 델라 발폴리첼라Amarone della Valpolicella'와 가르가네가Garganega 포도로 만든 상쾌한 화이트 와인 '소아베Soave'가 있다.

베네토 지역의 와인 생산량은 이탈리아에서 3위를 차지하며 베네토

---

1 파마산 에밀리아-로마냐에서 생산되는 이탈리아의 유명한 경질 치즈 '파르미자노 레자노(Parmigiano Reggiano)'를 지칭한다.

아마로네 델라 발폴리첼라 와인

내의 각 지역에서는 특산 와인을 생산하고 있다. 베로나에서는 '아마로 네Amarone' 와인이 유명하고 '부드럽게', '사랑스럽게', '상냥하게'라는 의 미를 지닌 '소아베Soave'에서는 '소아베 클라시코Soave Classico DOC'와 '소아베 수페리오레Soave Superiore DOC' 와인, 베네치아에서는 '프로세코 Prosecco'와 '피노 그리지오Pinot Grigio' 와인이 유명하다.

주로 '글레라Glera' 품종의 포노로 만드는 스푸만테spumante인 프로세 코 와인은 산미가 적고 부드러우며 가볍고 상쾌한 맛이 난다.

오래전 베네치아의 작은 마을에 살았던 너그러운 농부 줄리아Giulia의 글레라 포도는 풍요의 여신들의 축복을 받아 신선한 과일 맛이 더해진 특별한 포도가 됐다고 한다. 축복받은 포도 맛에 놀랐던 줄리아는 그 특별한 포도를 양조해 스파클링 와인을 만들었고, 독특하고 상쾌한 맛 을 지닌 부드러운 프로세코가 탄생했다고 한다. 줄리아는 자신의 와인 을 지역 사회와 나눴고 프로세코는 곧 기쁨과 축하의 상징이 됐다. 줄 리아의 너그러운 사랑이 가져다주는 생기 넘치는 거품을 지닌 프로세코는 베네토 와인 제조의 전통에 대한 찬사 로 여겨진다.

전통적인 요리와 와인, 아름다운 도 시와 자연 경관 그리고 다양한 문화와 축제, 역사적 유산으로 가득한 베네토 지역은 이탈리아 여행 중 꼭 방문해야 할 곳 중 하나이다.

바르돌리노와 소아베 와인

7

역사, 문화, 음식 그리고 자연의 아름다움이 있는 에밀리아– 로마냐

Emilia-Romagna

에밀리아–로마냐는 고대로부터 로마 제국, 중세 시대에 이르기까지 다양한 문화적 영향을 받았다. 로마 제국 시기에는 중요한 경제 중심지였으며, 중세에는 독립된 도시 국가들의 연합으로 번성했다. 에밀리아–로마냐 요리는 풍부하고 진한 맛을 추구하는데, 파르마 햄, 파르미자노 치즈 맛이 특징이다.

에밀리아–로마냐Emilia-Romagna는 북부 이탈리아에 위치하고 있는 아름다운 지역으로, 오랜 역사, 활기찬 문화, 멋진 풍경, 뛰어난 요리로 유명한 곳이다. 이곳은 언제나 예술과 문화 활동의 중심지였으며 이곳의 도시들은 이탈리아의 역사를 형성하는 데 중요한 역할을 해 왔다.

에트루리아 정착지와 로마 유적지가 지역 전체에서 발견되는 에밀리아–로마냐의 역사는 고대로 거슬러 올라간다. 중세 시대에 이 지역은 상업의 중심지로 번성했으며 '볼로냐Bologna', '모데나Modena', '파르마Parma'와 같은 도시는 부와 권력으로 유명해졌다.

오늘날 에밀리아–로마냐는 예술, 음악 및 축제와 함께하는 활기찬 문화와 전통으로 유명하다. 이 지역은 풍부한 역사와 유산을 보여 주는 많은 박물관, 갤러리가 있는 문화의 본거지이다. 여행객은 다양한 명소와 관광지를 통해 지역 고유의 아름다움을 경험할 수 있다.

가장 유명한 문화 행사 중 하나는 매년 '페라라^{Ferrara} 시'에서 열리는 중세 축제인 '팔리오 디 페라라¹^{Palio di Ferrara}'이다.

또한 에밀리아 – 로마냐에는 페라리, 람보르기니 같은 세계적인 이탈리아 명차 브랜드의 본사가 모여 있어 자동차 관련 전시와 행사를 즐길 수 있다.

에밀리아-로마냐는 기복이 심한 언덕과 포도원부터 험준한 산과 그림 같은 해변 마을에 이르는 아름다운 풍경으로도 유명하다. 가장 인기

---

1 팔리오 디 페라라 페라라에서 열리는 전통적인 경마 대회

모데나 페라리 박물관

있는 관광지는 멋진 건축물, 문화 명소, 미식으로 잘 알려진 볼로냐, 모데나, 파르마 등이며, 또 다른 인기 있는 곳은 해변과 밤 문화로 유명한 '리미니Rimini'와 '리초네Riccione'의 해안 마을이다.

에밀리아-로마냐의 매력 중 하나는 맛있는 음식이다. 고품질 재료와 대대로 전해지는 전통 조리법은 전 세계 음식 애호가를 끌어들여 특별한 경험을 하게 해 준다. 고기구이, 해산물, 야채 요리 등 전통적인 방법으로 조리된 다양한 요리를 즐길 수 있다.

'쿨라텔로 디 지벨로Culatello di Zibello'는 에밀리아-로마냐의 최고급 햄 중 하나이다. 쿨라텔로는 돼지 다리의 가장 귀한 부분을 절여서 돼지 방광에 채워 숙성한 것이다. 습한 셀러Cellar에서 숙성돼 강렬하고 섬세한 맛을 지니고 있다.

리미니 해변

볼로냐 마조레 광장

쿨라텔로

쿨라텔로 숙성

'프로슈토 디 파르마Prosciutto di Parma' 햄은 에밀리아의 언덕에서 생산되는 또 다른 우수한 품질의 제품이다.

양념이 잘 배어 맛있는 생 햄인 '모데나 햄'도 유명하다. 이 햄은 독특한 맛을 내기 위해 전통적인 방식으로 가공된다. 에밀리아-로마냐의 우수성을 대표하는 DOP 제품이다.

모데나의 전통적인 '발사믹Balsamico 식초'는 숙성된 식초로, 고급스럽고 풍부하고 달콤하며 복합적인 맛으로 유명하다. 샐러드, 치즈 심지어 디저트에 이르기까지 다양하게 사용되며 어떤 음식과도 완벽하게 어울린다. 훌륭한 요리를 만드는 비법 중 하나가 바로 모데나의 전통 발사믹 식초이다. 이 식초는 나무통에서 수십 년에 이르는 오랜 숙성 과정을 거쳐 생산된다.

에밀리아-로마냐는 '라자냐Lasagna', '토르델리니 Tortellini', '탈리아텔레Tagliatelle' 등 이탈리아에서 가장 유명한 파스타 요리의 본고장이기도 하다. 신선한 파스타에는 '볼로네제Bolognese 소스²'와 같은 풍부한 소스가 곁들여진다.

작고 맛있는 파스타 '토르텔리니'는 에밀리아-로마냐에서 가장 사랑받는 요리 중 하나이다.

---

2 볼로네제 소스 소고기, 야채, 토마토 페이스트로 만드는, 볼로냐에서 유래한 이탈리아의 전통적인 고기 소스

전통적인 발사믹 식초 숙성

에밀리아-로마냐의 중심부에 있는 고대 도시 볼로냐에는 인간 세상에 내려온 비너스의 모습에 반한 여관 주인이 신화 속 여신인 비너스의 배꼽 모양을 본떠 파스타를 만들었다는 이야기가 전해진다. '비너스의 배꼽'이라고도 불리는 이 파스타는 얇은 반죽을 작은 원 모양으로 잘라 가운데에 맛있는 고기를 넣은 후 반죽을 닫고 둥글게 감아 배꼽 모양으로 만든 소를 넣은 파스타이다.

토르텔리니

속을 채운 만두형 파스타의 일종인 '카펠레티Cappelletti'와 달걀과 치즈, 빵가루, 견과류로 만든 파스타인 '파사텔리Passatelli'는 전통적인 로마냐 요리법에 따라 닭고기 국물로 조리하는 것이 특징이다.

햄, 치즈 및 기타 진미로 속을 채운 납작한 빵의 일종인 '피아디나Piadina'도 유명하다.

단단한 치즈는 풍부하고 고소한 맛으로 유명한데, 그 대표적인 치즈가 바로 생우유로 만든 '파르미자노 레자노Parmigiano Reggiano DOP'이다. 이 치즈는 헤이즐넛, 말린 과일 향과 함께 거친 질감과 풍부하고 복잡한 맛을 가진다. 주로 파르마, 레조 에밀리아, 모데나 지방과 볼로냐의 일부 지방에서 생산된다.

'프로볼로네 발파다나Provolone Valpadana DOP'는 우유로 만든 반경질 치즈이다. 엄격한 생산 기준에 따라 에밀리아-로마냐 및 롬바르디아의 특정 지역에서 생산된다. 달콤하고 약간 매운맛이 나며 일정한 탄력과

동굴에서 숙성된 파르미자노 레자노 치즈

강렬한 향기가 있다.

'카초카발로 포돌리코^{Caciocavallo Podolico} DOP'는 주로 레조 에밀리아와 모데나 지방에서 포돌리코 소의 우유를 사용해 생산된다. 서양 배 또는 플라스크 모양을 갖고 있으며 신선한 풀과 헤이즐넛 향이 나는 풍부하고 복잡한 맛을 지니고 있다.

'스콰크퀘로네 디 로마냐^{Squacquerone di Romagna} DOP'는 신선하고 크림

---

3 포돌리코 소 주로 풀리아, 바질리카타, 캄파니아, 칼라브리아 지역에서 사육되는 이탈리아 남부의 전통적인 소의 품종으로, 특히 우유는 카초카발로(Caciocavallo)와 같은 고품질 치즈를 만드는 데 사용된다.

4 플라스크 실험실에서 쓰는 목이 좁은 병

카초카발로 치즈

같이 부드러운 치즈로, 주로 로마냐 지역에서 생산된다. 부드럽고 섬세하게 퍼지는 질감과 허브 향과 감귤 향이 어우러진 부드럽고 약간 톡 쏘는 맛으로 유명하다. 빵에 발라 먹거나 절인 고기 등의 요리와 함께 먹는 경우가 많다.

'포사 디 솔리아노Fossa di Sogliano DOP'는 구덩이 안에서 숙성돼 강렬하고 복잡한 향을 느낄 수 있다. 버터와 같은 질감, 흙 향과 스파이시한 향이 어우러진 견고한 맛이 있다. 포를리체세나Forli-Cesena 지방의 솔리아노 알 루비코네Sogliano al Rubicone 에서 생산된다.

참밸로니

에밀리아-로마냐의 디저트로는 전통 과자 '토르타 디 리조Torta di Riso', 사과로 채워진 '토르텔리 니 멜레Tortelli di Mele', 부드러운 도넛과 같은 '침벨로니Ciambelloni' 등이 있다.

자국 내외 모두에서 높이 평가받는 에밀리아-로마냐 지역의 와인은 다양함과 높은 품질로 유명하다. 와인 지역은 북쪽의 '에밀리아Emilia' 와 남쪽의 '로마냐Romagna'로 나뉘며, 각각 고유한 와인 양조 전통을 가진다.

에밀리아에서는 '람브루스코Lambrusco'라는 화이트 와인과 스파클링 와인이 유명하다. 람브루스코 와인에는 금지된 사랑 이야기가 전해진다.

오래전 에밀리아의 작은 마을에 부유한 람브루스코 생산자의 딸 이자벨라Isabella와 포도원에서 일하는 젊은 농부 로렌초Lorenzo가 살고 있었다. 그들은 서로 사랑했지만 그들의 사랑은 가족의 반대에 부딪혔다. 상황이 절박해진 이자벨라와 로렌초는 마을의 늙은 마녀에게 도움을 구했다. 대지의 신비로운 힘을 잘 알고 있던 마녀는 마법의 힘이 있다고 알려진 람브루스코 포도밭에 도움을 청해 보라고 제안했다. 보름달이 뜬 어느 날 밤, 이자벨라와 로렌초는 람브루스코 들판으로 향했다. 그들은 희망에 찬 마음으로 포도원에 가서 도와달라고 요청했다. 그 마법 같은 순간에 람브루스코 포도원은 그들의 부름에 응답해 거부할 수 없는 스파클링 와인을 만들어 냈다. 이날 밤에 만들어진 와인은 이자벨라와 로렌초의 사랑을 상징하는 독특한 맛을 지니고 있었다. 가족들은 와인을 맛보고는 와인의 훌륭함과 신선함에 매료됐다. 결국 두 가족은

람브루스코 스파클링 와인

람브루스코로 화해의 건배를 하였다. 람브루스코는 사랑, 인내 그리고 분열된 마음을 하나로 묶는 와인의 능력을 기념하는 평화와 사랑의 상징이다.

에밀리아-로마냐는 '산조베제Sangiovese', '트레비아노Trebbiano', '피뇰레토Pignoletto' 등 이탈리아에서 가장 유명한 포도 품종의 본고장이다. 로마냐는 '산조베제 디 로마냐Sangiovese di Romagna' 및 '알바나 디 로마냐Albana di Romagna'와 같은 와인을 얻는 중요한 지역이다. 로마냐는 레드 와인이 우세하지만 '알바나 디 로마냐'는 알바나 포도에서 얻은 화이트 와인으

에밀리아 로마냐 포도밭

로, 품질에 대한 최고의 인정을 나타내는 'DOCG'[5]라는 명칭을 보유한, 이탈리아에서 몇 안 되는 화이트 와인 중 하나이다. 여행객들은 와인 시음 투어를 즐기면서 지역의 여러 와이너리를 방문해 생산 과정에 대해 배우고 좋은 와인을 맛볼 수 있다.

에밀리아-로마냐는 역사, 문화, 자연의 아름다움이 독특하게 조화를 이루고 있는 매혹적이고 아름다운 지역이다. 방문객은 예술, 음악, 건축 또는 요리법에 관심이 없더라도 에밀리아-로마냐의 독특한 뭔가를 느낄 수 있을 것이다. 아름다운 풍경, 풍부한 역사, 뛰어난 요리, 세계적으로 유명한 와인이 있는 에밀리아-로마냐는 놓쳐서는 안 될 관광지이다.

---

5 DOCG(Denominazione di Origine Controllata Grantita) 지정 원산지 통제 및 보증, 이탈리아 표준 와인 등급 4단계 중 최상위에 속한 등급

8
아름다운 해안, 독특한 음식, 유럽의 문화와 민족이 교차하는 리구리아

Liguria

리구리아는 고대부터 중세 시대까지 다양한 문화와 역사적인 영향을 받았다. 중세에는 제네바 공국의 영향을 받아 번성하였으며, 이탈리아 르네상스의 중요한 중심지 중 하나였다. 리구리아 요리는 특유의 간결함이 특징이고 신선한 재료를 중시한다. 특히 생선 수프, 페스토, 시금치 파이 등이 인기가 있다.

리구리아Liguria는 이탈리아 북서부 해안 지방에 위치하고 있다. 이곳은 아름다운 해안선과 바다 전망, 독특한 음식 문화 그리고 중세 시대 유적 등으로 유명하다.

리구리아 지역은 로마 제국의 지배를 받았고, 중세 시대에는 가톨릭의 영향을 받았다. 1805년 프랑스 제국에 합병됐고 1861년 이탈리아 통일 이후 이탈리아의 한 지방이 됐다.

로마 제국 시대부터 유럽의 다양한 문화와 민족이 교차하는 지역으로서 중요한 역사적인 역할을 해 왔고 중세 시대부터 미술, 건축, 음식 및 축제 등이 발달하며 풍부한 문화와 역사를 가진 곳이다.

리구리아 지역은 아름다운 해안선과 해변으로 유명하다. '포르토피노 Portofino'와 '산타 마르게리타 리구레Santa Margherita Ligure'와 같은 도시들은 이탈리아에서 가장 아름다운 바다 경치를 자랑한다. 이 지역의 바다 전망을 즐기는 것은 추천할 만하다.

포르토피노

　이 지역의 대표적인 도시로는 '제노바Genova'를 들 수 있다. 중세 시대의 거리, 광장 및 역사적인 건물이 미로처럼 즐비한 제노바는 리구리아의 주도이자 지중해에서 가장 중요한 항구 중 하나이다. 중세 시대에 뿌리를 둔 다양한 역사와 함께 주목할 만한 건축과 문화유산을 보존하고 있다. 역사적으로 제노바는 중세와 르네상스 시대에 지중해의 광대한 무역 네트워크를 통제하는 해양 강국으로서 중요한 역할을 했다.

　제노바는 '사적인 중심지이자 오래된 제노바'라는 의미의 '제노바 베키아Genova Vecchia', '제노바 수페르바Genova Superba'라는 또 다른 이름으로 불리고 있다.

제노바에서 유명한 곳은 '포르토 안티코 Porto Antico'이다. 최근 수십 년 동안 개조된 포르토 안티코는 유럽에서 가장 큰 수족관 중 하나인 '세노바 수족관 Aquarium of Genoa'을 포함해 관광 명소로 가득하다. '페라리 광장 Piazza De Ferrari'은 중앙의 페라리 분수를 역사적인 건물들이 둘러싼 광장이다. 이 밖에 '제노바 대성당 Cattedrale di San Lorenzo'은 12세기에 건축된 장엄한 로마네스크 양식[1]의 대성당이다. '두칼레 궁전 Palazzo Ducale'은 제노바 총독의 거주지였고 현재는 전시회와 문화 행사가 열리는 곳이다.

리구리아 지역은 매년 열리는 다양한 축제로 유명하다. 가장 유명한 제노바의 축제는 '세례자 성 요한의 축제 Festa di San Giovanni Battista', '스텔

---

1 로마네스크 양식 중세 유럽에서 발전한 건축 양식으로, 특히 교회 건축에서 많이 사용되었다. 그 특징으로는 특유의 원형 아치, 두터운 기둥, 비틀림이 없는 기둥, 장식적인 정문 등을 들 수 있다.

페라리 광장

제노바 대성당

라 마리스^{Stella Maris}', '마돈나 델라 구아르디아 축제^{Festa della Madonna della Guardia}'이다.

이 도시의 수호 성인인 세례자 성 요한의 축일은 매년 6월 24일이다. 이 날은 종교 행사, 행렬 및 공개 축하 행사가 열린다. 8월의 첫 번째 일요일에는 '스텔라 마리스'의 멋진 전통 행사를 볼 수 있다. 성모 마리아 동상을 장식된 배에 싣고 바다에 띄우는 해상 퍼레이드가 열린다. '마돈나 델라 구아르디아 축일'은 8월 29일이며 이 날은 성모 마리아를 기리는 거리 행진 등 종교적인 행사가 열린다. 축제 기간 동안에는 뮤지컬 공연, 불꽃놀이를 관람할 수 있다.

제노바에서는 5년마다 국제 꽃 전시회 '유로 플로라^{Euro Flora}'가 열린다. 행사 기간 동안 '빌라 제노에제-조알리^{Villa Genoese-Zoagli}'와 '빌라 두라초

스텔라 마리스 축제

팔라비치니^{Villa Durazzo Pallavicini}'의 정원은 환상적인 꽃 공간으로 변모한다.
이 행사에서는 정원과 식물의 아름다움을 감상할 수 있다.

　이탈리아 리비에라^{Riviera}는 리구리아의 거의 모든 해안가를 의미하며,
아름다운 해안선과 역사적인 도시들로 유명하다. 제노바를 기준으로 남
동쪽과 남서쪽에 두 개의 아름다운 해안 지역이 펼쳐져 있다. 아름다운
해변과 초원을 감상할 수 있으며 다양한 수상 스포츠를 즐길 수 있다.

　남동쪽에는 '리비에라 디 레반테^{Riviera di Levante}'라고 불리는 지역이 있다.
이 지역은 한국에도 잘 알려진 친퀘 테레^{Cinque Terre}, 라 스페치아^{La Spezia},
세스트리 레반테^{Sestri Levante}, 라팔로^{Rapallo}와 같은 도시들이 있는 곳이다.
남서쪽에는 '리비에라 디 포넨테^{Riviera di Ponente}'라고 불리는 지역이 위치
하고 있다. 이 지역에는 사보나^{Savona}, 피날레 리구레^{Finale Ligure}, 알라시오

친퀘 테레

Alassio, 임페리아Imperia, 산레모Sanremo 등의 도시들이 각기 다른 매력을 자아낸다. 또한 서쪽으로는 프랑스의 유명한 코트 다쥐르Côte d'Azur가 있으며, 니스Nice, 칸Cannes, 툴롱Toulon과 같은 도시들도 자리하고 있다.

이 밖에 부자들의 휴양지로 값비싼 요트들이 정박해 있고 고대 유적과 큰 요새들이 남아 있는 '포르토베네레PortoVenere', 아름다운 항구와 해변으로 유명인과 부자들이 많이 방문하는 관광지로 알려져 있는 '포르토피노Portofino'도 있다. 먼 바다와 아름다운 해안선이 매력적인 이곳에서는 수영, 서핑, 다이빙 등의 수상 스포츠를 즐길 수 있다.

리구리아 지역은 음식 문화로 이탈리아에서 가장 인기 있는 지역 중

제노바의 포카차 가게

하나이다. 이 지역에서는 '페스토Pesto[2]'와 '파니니Panini', '포카차Focaccia' 같은 특색 있는 음식들이 인기가 있다.

아마도 리구리아 요리 중 가장 유명한 것은 '제노바 페스토Pesto Genovese'일 것이다. 신선한 바질, 잣, 엑스트라 버진 올리브유, '파마산 치즈Parmigiano-Reggiano' 또는 '페코리노Pecorino' 치즈, 마늘, 소금으로 만든 소스이다. 페스토는 전통적으로 파스타 트로피에pasta trofie와 함께 먹지만, 다른 파스타나 요리의 맛을 내는 데도 사용한다.

---

2 페스토 주로 이탈리아 요리에서 사용되는 소스나 페이스트를 의미한다. 바질 페스토는 바질, 파르미자노 치즈, 잣, 올리브유 등으로 만든다.

트로피에 알 페스토

　'트로피에 알 페스토 ^{Trofie al Pesto}'는 리구리아의 상징적인 요리이다. '트로피에 ^{Trofie}'는 납작한 면이 꽈배기처럼 말린 모양을 하고 있는 신선한 수제 파스타로, 페스토 소스를 머금기에 알맞다. 이 간단하면서도 맛있는 요리는 이 지역을 방문하는 모든 여행자들이 먹어 볼 요리이다.

　'리구리아 포카차 ^{Focaccia Ligure}'는 올리브유와 굵은 소금을 얹은 피자와 같은 납작한 빵이다. 가장 잘 알려진 것은 '제노바식 포카차 ^{Focaccia Genoese}'이고, 양파, 올리브 또는 로즈마리와 같은 재료를 사용하기도 한다.

　현지에서 재배되는 품질 좋은 신선한 재료를 기반으로 하는 이곳 요리의 단순함과 진정성은 바다와 육지의 조화로운 관계를 반영하는 이 지역 요리 전통의 독특한 요소이다.

이 지역의 음식은 지리적 위치에 많은 영향을 받았다. 그래서 지중해의 신선한 해산물과 산지의 식물들을 이용한 요리로 유명하다. 리구리아 요리에는 신선한 채소를 많이 사용하는데 일반적으로 아티초크[3]는 튀기거나 속을 채우는 등 다양하게 쓰이고, 호박, 가지, 고추 등으로 맛있는 요리를 만든다.

해산물은 리구리아 요리에서 중심적인 역할을 한다. 신선한 생선 요리가 매우 인기가 있으며 생선 스튜인 '부리다Buridda', '치우핀Ciuppin' 등의 요리가 있다. 참치는 참치 마리네이드[4]의 일종인 '토노 인 카르피오네Tonno in Carpione'를 만드는 데 자주 사용되는 또 다른 특산품이다.

아티초크 튀김

멸치와 올리브는 리구리아 요리의 두 가지 기본 재료이다. 멸치는 신선하게 절여서 사용하며 올리브는 보통 식전주와 먹거나 요리에 사용한다.

밤 가루는 리구리아 요리의 전통적인 재료이다. 페스토나 다른 소스

---

3 아티초크 남부 유럽에서 대중화된 식용 식물이다. 달짝지근하며 감자처럼 아삭한 식감을 가지며, 꽃대의 이파리를 뜯고 남는 부분인 아티초크 하트(Heart)는 아티초크의 가장 맛있는 부위라고 여겨진다.

4 미리네이드 재료를 담긴 양념을 흡수시켜 맛을 더히거나 부드럽게 만드는 데 도움을 주는 액체 소스.

를 곁들이는 파스타인 '테스타롤리Testaroli'를 비롯한 다양한 요리에 자주 사용된다.

'카폰 마그로Cappon Magro'는 구운 빵 위에 새우, 랍스터, 문어, 흰살생선 등을 삶거나 쪄서 겹겹이 얹고 파슬리, 멸치, 케이퍼, 완숙 달걀로 만든 그린 소스로 양념한 요리이다.

리구리아 요리와 관련된 흥미로운 전설이 있다.

십자군 시대에 조반니Giovanni라는 젊은 리구리아 선원이 현재의 레바논 해안을 따라 항해하고 있었다고 한다. 작은 항구에 정박하는 동안, 조반니는 현지 어부를 만났는데, 그 어부는 바다 밑바닥에 숨어 있는 보물이 매혹적인 노래를 부르는 인어의 보호를 받고 있다는 이야기를 들려 줬다. 이야기에 매료된 조반니는 보물을 찾기 위해 바다를 탐험하기로 결정했다. 해저를 향해 헤엄쳐 가던 그는 인어의 감미로운 노래가 자신을 감싸는 것을 들었지만, 최면에 빠지는 대신 깊은 바다의 아름다움에 매력을 느꼈다. 그는 탐험하는 동안 다양하고 맛있는 물고기와 조개를 포함해 많은 생명과 천연물이 풍부한 수중 세계를 발견했다. 그는 이러한 바다 보물 중 일부를 리구리아로 가져오기로 결정했다. 집으로 돌아온 조반니는 자신의 신선한 바다 보물과 허브, 야채를 주머니에 넣어 조리한 '페셰 알 카르토초Pesce al Cartoccio'라는 특별한 요리를 만들었다고 한다.

'페셰 알 카르토초'는 '종이에 싸놓은 생선'이라는 의미이다. 말 그대로 생선을 허브, 야채 등과 같이 종이에 싸서 익히는 요리이다. 토마토, 올리브, 감자 등이 함께 사용되며 풍성한 맛을 낸다.

페셰 알 카르토초

리구리아의 대표적인 치즈로는 '피오르 디 리구리아^{Fior di Liguria}', '사르다리나^{Sardarina}', '카스텔마뇨^{Castelmagno}', '텔레메^{Teleme}', '파벨로^{Pavello}' 등이 있다.

'피오르 디 리구리아'는 양유 또는 우유로 만들어지며, 부드럽고 신선한 맛이 특징이다. 리구리아의 전통적인 방법으로 제조되어 고유한 맛을 자랑한다.

카스텔마뇨 치즈

리구리아의 내륙 지역에서 생산되는 '사르다리나'는 염소유로 만들며, 강렬한 맛과 향을 가지고 있다. 전통적인 방법으로 만들어 자연스럽게 숙성한다.

'카스텔마뇨'는 주로 리구리아와 피에몬테 지역에서 생산된다. 고유의 푸른 곰팡이로 숙성하는 독특한 향과 맛을 지닌 반경성 치즈이다.

'텔레메'는 크림 같은 질감을 가진 부드러운 치즈로, 리구리아 지역에서 자주 사용되고, '파벨로'는 진한 향과 풍미의 숙성 치즈로, 리구리아의 전통적인 제조 방식을 따른다.

이 밖에도 리구리아 지역에서는 다양한 현지 치즈들이 생산되며, 이들은 지역 특성과 문화를 반영하여 다양한 요리에 사용된다. 이곳의 치즈는 일반적으로 지역의 풍부한 자연환경과 전통적인 제조 방식을 통해 만들어지며, 각기 다른 특성과 맛을 지니고 있어 많은 치즈 애호가에게 사랑받고 있다.

디저트는 다른 이탈리아 지역보다 덜 알려져 있지만, 시금치와 달걀로 만든 파이 질감의 소박한 케이크인 '토르타 파스콸리나Torta Pasqualina'와 페이스트리 반죽을 여러 겹으로 쌓아 크림으로 채운 '스폴리아타Sfogliata'는 소개할 만하다.

리구리아의 와인은 매혹적이다. 다양한 해산물 요리, 특유의 페스토 소스, 다양한 고기 요리, 치즈와 함께 유명한 이 지역의 와인 문화는 해안 지역에서 생산되는 다양한 포도 품종을 반영한다.

리구리아에서는 지역의 특정 토양과 기후에 적응한 다양한 토종 포도가 재배된다. 주목할 만한 품종으로는 스페인에서 기원해 리구리아와 사르데냐Sardegna 지역에서 향긋한 화이트 와인을 생산하는 '베르멘티노Vermentino'가 있다. 산미와 미네랄 향으로 유명한 '피가토Pigato'와 유전적으로 같은 품종이다.

남부의 사르데냐에서도 '베르멘티노 디 사르데냐Vermentino di Sardegna DOC'와 같은 고품질 화이트 와인을 생산하지만, 리구리아 지역에서도

토르타 파스콸리나

우수한 베르멘티노를 생산한다. 베르멘티노 와인은 시트러스 향부터 꽃 향과 미네랄 향에 이르기까지 다양한 아로마 프로필로 유명하다.

'리비에라 리구레 디 포넨테Riviera Ligure di Ponente DOC'는 베르멘티노가 주요 포도 품종 중 하나인 서부 리구리아 해안 지역을 명칭에 포함한다. '베르멘티노 델라 리비에라 리구레 디 포넨테Vermentino della Riviera Ligure di Ponente DOC'는 상쾌한 신선함, 우아한 산미, 흰 과일과 지중해 허브를 연상시키는 향기로운 부케가 특징이다.

'콜리 디 루니 베르멘티노Colli di Luni Vermentino DOC'라는 명칭은 리구리 아와 토스카나 사이에 위치하고 있는 '콜리 디 루니' 지역에서 생산되는 와인을 가리킨다. 이곳의 베르멘티노는 비디에 노출된 언덕이 많은 포도원에서 재배된다. '베르멘티노 데이 콜리 디 루니Vermentino dei Colli di Luni'는 생동감 넘치는 신선함과 기분 좋은 풍미가 균형을 이루는 복잡한 구조로 유명하다.

베르멘티노의 탄생에는 리구리아 바다에서 폭풍우를 만나 고립됐던 어부들이 두려움을 이겨내려고 노래를 부르자 바다가 잠잠해졌고, 잠잠해진 바다의 은혜에 감사하는 마음으로 바다의 신선함과 생명력을 표현한 포도를 재배해서 베르멘티노를 만들었다는 이야기가 전해진다. 리구리아 바다의 본성을 향기롭고 신선하게 담아 낸 화이트 와인 베르멘티노 한 모금에는 바다의 노래에 대한 기억과 어부들의 감사함이 담겨 있다고 한다. 과일 향과 생기 넘치는 산미를 지닌 베르멘티노는 리구리아 사람들과 장엄한 리구리아해와의 특별한 유대에 대한 찬사이다.

'리비에라 리구레 디 포넨테 피가토Riviera Ligure di Ponente Pigato DOC'는 리구리아 서부의 리구레 디 포넨테를 따라 형성된 피가토 와인 생산지이다. '피가토 델라 리비에라 리구레 디 포넨테Pigato della Riviera Ligure di Ponente DOC'는 감귤류와 백도 향부터 향긋한 허브와 꽃 향에 이르기까지 다양한 복합적인 향 프로필로 유명하다.

'피가토 디 알벤가Pigato di Albenga DOC'는 리비에라 디 포넨테에 있는 알벤가 시 주변 지역에서 생산되는 피가토 와인이다. 이 와인은 지역의 독특한 테루아[5]Terroir를 반영하는 생기 넘치는 신선함, 산미, 독특한

---

5 테루아 와인의 맛과 품질에 중요한 영향을 미치는 토양·기후·지형·생물·재배 방식·양조 방식 등을 의미한다. 특정 지역에서 생산되는 포도와 와인의 특징을 결정하는 요소들로서 포도와 와인의 품질, 향미, 특성에 큰 영향을 미치기 때문에 와인 품질과 차별성을 보장하는 중요한 요소이다.

전통적인 방법의 포도 수확

양조 전 포도 숙성

베르멘티노 포도

친퀘 테레 포도밭

미네랄리티[6]가 특징이다.

리구리아의 일부 생산사들은 베르멘티노와 마찬가지로 피가토를 데이블 와인으로 양조해 독창적이고 혁신적으로 개량하기도 한다. 이러한 와인은 와인 제조 기술과 토양 특성에 따라 스파클링한 신선함부터 아로마틱한 복합성에 이르기까지 다양한 스타일을 나타낼 수 있다.

피가토는 지역의 특성을 표현하고 리구리아의 전형적인 가벼운 요리 및 생선 요리와 완벽하게 어울리는 신선하고 향긋한 와인으로 와인 애호가들에게 사랑받고 있다.

포도나무는 기후와 암석 지형에 적응해 주변 환경에 영향을 받은 와인을 생산한다. 가파른 해안 언덕과 험준한 지형이 있는 리구리아의 독특한 지형은 리구리아 와인의 독특한 특성에 드러난다.

리구리아의 화이트 와인은 다른 곳의 와인보다 우월하다. 베르멘티노 및 피가토 외에도 '보스코 Bosco', '알바롤라 Albarola' 및 '루마시나 Lumassina' 등의 화이트 와인도 재배된다. 이들 와인은 신선한 산미와 섬세한 향이 특징이며 생선 및 해산물 요리와 완벽하게 어울린다.

레드 와인은 화이트 와인만큼 널리 보급되지는 않았지만, 몇 가지 주목할 만한 품종이 있다. '로세제 Rossese'는 이 지역의 주요 적포도 품종 중 하나로, 가볍고 신선하며 향긋한 와인을 생산하며 고기 요리와 잘 어울린다.

리구리아의 포도주 양조는 장인 정신을 유지하고 전통 방식과 관습

---

6 미네랄리티 땅이나 흙, 광물질 등을 생각나게 하는 주관적인 와인의 맛과 향을 표현하는 용어

을 이어간다. 소규모 가족 와이너리가 일반적이며 전통적인 기술과 현대적인 혁신이 혼합돼 고품질 와인을 만든다. 또한 일년 내내 리구리아 전역에서 수많은 와인 행사와 축제가 열린다. 이러한 행사는 방문객들에게 지역의 전통적인 음식과 함께 다양한 현지 와인을 시음할 수 있는 기회를 제공한다.

많은 리구리아 포도밭은 멋신 바다 전망을 보여 주며 시음 경험을 위한 독특한 분위기를 조성한다. 와인, 음식과 함께 탁 트인 전망은 이곳 와이너리의 독특한 특징이다.

이곳의 와인 문화는 두드러진 지역 정체성을 지니고 있다. 독특한 와인의 생산, 토착 포도나무의 존재, 품질과 테루아에 관한 관심은 전 세계 와인 애호가들이 리구리아 와인을 사랑하고 인정하게 만든 요인이 됐다.

마나롤라 마을 거리에서 파는 와인들

피렌체

이탈리아
중부

이탈리아 중부는 이탈리아 역사의 중심지로, 풍부한 문화유산을 간직한 지역이다.

이곳에는 역사와 예술의 도시로 알려진 로마, 피렌체와 같은 도시들과 세계적으로 유명한 미술관과 박물관을 포함한 수많은 관광 명소가 위치하고 있다. 또한 피자, 파스타와 같은 이탈리아 요리의 고향이기도 하며, 르네상스 시대의 예술과 건축물, 지역 특산품과 전통적인 공예품으로도 유명하다.

많은 유적지와 문화를 보존하고 있으며 문화 행사들이 이어지는 이탈리아 중부는 역사와 예술을 중시하는 곳으로서 매년 많은 관광객이 이곳을 방문한다.

9
중세 유럽 문화의
중심지,
르네상스의 발생지
토스카나

Toscana

토스카나는 고대 이탈리아 문명의 중심지 중 하나였다. 중세 시대에는 피렌체와 같은 도시가 문화 중심지로 번성하였으며, 르네상스 시대에는 예술과 인문학의 발전을 이끌었다. 토스카나 요리는 간단하면서도 풍부한 맛을 자랑한다. 특히 토마토, 올리브유, 향신료, 신선한 채소 등이 널리 사용된다.

토스카나Toscana는 이탈리아의 중부에 위치하며, 역사와 문화, 아름다운 풍경 그리고 훌륭한 음식과 와인으로 유명하다. 이 지역은 에트루스칸Etruscans, 로만Romans, 롬바르드Lombards, 비잔틴Byzantines, 피렌체Firenze에 의해 지배됐고, 중세 시대에 유럽의 문화 중심지로 자리 잡았으며 르네상스 시대에는 예술, 문학, 과학, 철학의 중심지로 발전했다. 이후로도 이 지역은 이탈리아의 문화, 예술, 과학, 철학, 정치, 경제 등의 중심지로 남아 있다.

토스카나의 '피렌체, '시에나Siena', '산 지미냐노San Gimignano' 지역은 르네상스 예술과 중세 건축, 아름다운 풍경으로 유명하다.

'피렌체'는 르네상스의 중심지로, '우피치Uffizi 미술관', '산타 마리아 델 피오레Santa Maria del Fiore 대성당', '폰테 베키오Ponte Vecchio' 등과 같은 명소가 있다.

피렌체 산타 마리아 델 피오레 성당

'시에나'는 중세 시대의 아름다운 건축물과 토스카나 지역에서 가장 중요한 축제 중 하나인 '팔리오 디 시에나Palio di Siena' 경마 대회로 유명하다.

'산 지미냐노'는 중세 도시로, 수십 개의 탑과 함께 아름다운 풍경을 자랑한다. 9세기에서 12세기까지 로마와 알프스를 연결하는 도로와 시에나와 피렌체가 만나는 지점에 있는 도시로서 중요한 역할을 했다.

토스카나 지역은 훌륭한 먹거리와 와인으로 유명하다. 이곳의 먹거리는 전통적이면서도 현대적이고, 이곳에서 생산되는 와인은 세계적인 명성을 얻고 있다. 또한 세계 최고로 손꼽히는 올리브유 생산

팔리오 디 시에나

지역으로도 유명하다.

토스카나의 요리는 간단하지만 신선하고 맛이 풍부하다. 대표적인 요리로는 빵과 콩, 채소로 만든 스프인 '리볼리타Ribollita'와 피렌체식 스테이크인 '비스테카 알라 피오렌티나Bistecca alla Fiorentina' 그리고 손바닥으로 둥글게 밀어서 만드는 면 파스타인 '피치Pici' 등이 있다.

'비스테카 알라 피오렌티나'는 두께가 5㎝ 이상인 소고기를 사용하며 외부는 바삭하게 굽고 내부는 부드럽게 익힌 후 올리브유와 소금으로 맛을 낸 특별한 요리이다. 이 스테이크는 토스카나 지역에서 유명한 요리 중 하나로, 지역의 스테이크 전문 레스토랑에서 맛볼 수 있다.

이 밖에도 '라디키오Radiccio 샐러드', '브라촐라Braciola', '토르텔로니

토르텔로니

브루스케타

Tortelloni' 등과 같은 다양한 전통 요리가 있다.

'라디키오 샐러드'는 치커리의 일종인 '라디키오'를 사용한 샐러드로, 신선하고 달콤한 맛이 특징이다.

'브라촐라'는 소고기, 치즈, 토마토, 마늘, 견과류, 건포도, 소금, 후추, 허브 등을 넣어 만드는 볶음 요리이다.

'토르텔로니'는 채소, 고기, 치즈 등의 소를 넣어 만든 크기가 큰 파스타로, 토스카나 지역에서 매우 인기 있는 요리 중 하나이다.

또 다른 이 지역 대표 음식으로는 '린구아Lingua'가 있다. '린구아'는 혀를 의미하며 주로 소나 돼지 혀를 사용한 요리를 가리킨다.

'브루스케타Bruschetta'는 천연 소금과 올리브유로 양념한 토스트 위에 토마토와 마늘, 파슬리를 곁들여 만든 요리이다. 토마토의 산미와 향기가 담긴 이 요리는 이달리아 여름철의 대표적인 음식 중 하나이다.

이 밖에도 다양한 종류의 파스타와 스프 그리고 해산물 요리 등의 음식을 즐길 수 있고 소금 없이 만드는 빵도 맛볼 수 있다.

토스카나에서는 배, 무화과와 함께 먹는 블루 치즈인 고르곤졸라뿐만 아니라 염소유 치즈, 리코타, 모차렐라와 같은 신선한 치즈를 포함해 다양한 치즈를 생산한다. 또한 '페코리노 토스카노Pecorino Toscano', 리코타 살라타Ricotta Salata' 같이 고소하고 딱딱한 양유 치즈가 있다. 이 치즈들은 단단하고 짭짤하며 파스타 요리의 간을 맞추는 데 사용되기도 한다.

이곳의 좋은 재료로 만든 디저트에는 토스카나의 열정, 풍부한 요리 역사와 전통이 반영돼 있다.

'칸투치Cantucci'는 아몬드로 만든 건조하고 바삭바삭한 비스킷으로,

빈 산토에 담가 먹는 칸투치

세계적으로 유명한 산 지미냐노의 젤라토 가게 돈돌리

전통적으로 이 지역의 달콤한 와인 '빈 산토^{Vin} ^{Santo}'와 함께 먹는다. 칸투치는 빈 산토에 담가 먹기도 한다.

'판포르테^{Panforte}'는 말린 과일, 꿀, 향신료, 설탕을 넣어 만든 진하고 매콤한 디저트이다. 농도는 누가와 비슷하며 보통 호두, 아몬드, 설탕에 절인 과일이 다양하게 들어간다.

'리차렐리^{Ricciarelli}'는 아몬드, 설탕, 달걀 흰자와 오렌지 껍질로 만든 부드러운 비스킷이다. 슈거 파우더로 덮여 있으며 독특한 타원 모양을 하고 있다.

'카스타냐초^{Castagnaccio}'는 밤 가루에 물, 올리브유로 만죽한 후 호두, 잣, 건포도를 듬뿍 넣어 만든 소박한 케이크이다. 로즈마리를 첨가해 독특한 맛을 낸다.

추코토

'스키아차타 알라 피오렌티나^{Schiacciata alla Fiorentina}'는 피렌체의 전형적인 달콤한 포카차^{Focaccia}이다. 설탕을 입혀 만들며 섬세한 바닐라 향이 난다.

'추코토^{Zuccotto}'는 럼, 브랜디 등의 리큐어에 담근 스펀지 케이크에 커스터드, 초콜릿, 설탕에 절인 과일을 채워 만든 돔 모양의 디저트이다.

몬탈치노의 와인 상점

이탈리아 사람들은 보통 식사할 때 와인을 곁들인다. 토스카나는 에트루리아 시대까지 거슬러 올라가는 오랜 와인 생산 역사를 가진, 이탈리아에서 가장 중요한 와인 지역 중 하나이다. '키안티Chianti', '브루넬로 디 몬탈치노Brunello di Montalcino', '노빌 디 몬테풀차노Nobile di Montepulciano' 등과 같은 와인은 세계적으로 유명하다.

이곳에서 생산되는 와인 중에서 가상 유명한 것은 '산소베제Sangiovese' 포도를 사용한 와인이고, '카베르네Cabernet'와 '메를로Merlot' 등도 생산된다. 토스카나 지역의 와인은 생산 지역의 토양과 기후에 따라 다양한 특성을 지니고 있다. 키안티 와인은 토스카나 지역에서 생산되는 대표적인 레드 와인으로, 품질이 좋고 풍미가 깊어 세계적으로 인기가 많다. 키안티

브루넬로 디 몬탈치노 와인

키안티 클라시코의 검은 수탉이 그려진 대형 코르크

와인은 깊고 짙은 루비색으로 유명하며 레드 과일 향이 특징이다. 또한 타닌이 적당하고 부드러운 느낌이 있어서 매우 균형 잡힌 와인으로 알려져 있다.

키안티 와인을 보면 이탈리아어로 '갈로 네로 Gallo Nero'라고 불리는 검은 수탉이 표시돼 있다. 검은 수탉은 피렌체 공화국 시절 키안티 지역을 통제하기 위해 만들어진 '레가 델 키안티 Lega del Chianti'가 사용하던 문장이었다. 이곳에서 생산되는 물건에 검은 수탉이 있다면 그 상품을 도시가 보증한다는 의미였다. 와인에서는 키안티 클라시코 지역에서 양조된 와인을 상징하는데 현재 키안티 와인 중에서도 오랜 전통을 가진 클라시코 지역에서 생산된 와인만 이 문양을 사용한다. 검은 수탉 문양의 탄생 배경으로 다음과 같은 이야기가 전해진다.

토스카나 도시들이 치열한 경쟁을 벌였던 13세기 중세 시대에 국경을 마주보고 있던 시에나와 피렌체는 키안티 지역을 놓고 항상 다툼을 벌였다. 왜냐하면 이곳은 포도나무와 밀이 자라는 좋은 땅이었기 때문이다. 어느 날 이 두 도시는 가장 용감하고 말을 잘 타는 기사를 선발해 수탉이 울 때 각자의 도시를 출발해 서로가 만나는 지점을 국경으로 하기로 하면서 오랜 불화를 종식하고 평화를 찾기로 했다. 두 도시의 사람들은 수탉이 빨리 울게 하기 위해 서로 정반대의 전략을 구사했다. 시에나 사람들은 수탉이 아침 일찍 일어나 울어 주기를 바라면서 건강한 흰 수탉을 골라 잘 먹이고 보살펴 줬다. 반면, 피렌체 사람들은 수탉이 새벽 해가

키안티 클라시코 빈티지 와인

뜨자마자 울게 하려고 혹독하게 훈련시켰다. 그들은 자부심과 용기의 상징인 검은 수탉을 골라 며칠 동안 어두운 상자에 가둬 놓고 먹이도 주지 않았다. 결전의 날, 피렌체 사람들이 새벽에 수탉을 풀어주자마자 검은 수탉은 처마 위로 올라가 서럽게 울었고 기사는 말을 달려 출발했다. 그러나 시에나의 흰 수탉은 다른 날처럼 동이 튼 다음에 일어나 울었다고 한다. 이 승리를 기념하기 위해 피렌체는 검은 수탉 문장을 사용하였고 오늘날에도 키안티 클라시코의 라벨에 이 검은 수탉 그림이 사용돼 자부심과 평화를 사랑하는 특별함을 느끼게 한다.

산 지미냐노의 산기슭에 위치하고 있는 브루넬로 지역에서 생산되는 레드 와인은 맛과 향이 모두 풍부하다. 산 지미냐노 지역은 고급 와인 생산에 적합한 지형과 기후를 갖추고 있으며 산 지미냐노의 토양과 지형,

몬탈치노

기후 조건이 와인 품질에 큰 영향을 미치기 때문에 브루넬로는 매우 고품질의 와인으로 평가받고 있다.

또 다른 특징을 지닌 와인으로는 볼게리Bolgheri 지역에서 생산한 와인을 들 수 있다. '슈퍼 투스칸Super Tuscan' 와인 생산자로 알려진 테누타 산 구이도Tenuta San Guido는 보르도 스타일의 레드 와인 '사시카이아Sassicaia'를 생산한다.

토스카나의 음식, 와인, 치즈, 디저트는 이 지역의 풍부한 역사와 자연을 반영하는 중요한 문화유산이다. 이곳을 방문하는 사람들은 먹고, 마시고, 보고, 느끼는 경험을 통해 미각을 자극하는 다양한 종류의 음식 문화를 즐기고 아름다운 풍광을 만끽할 수 있을 것이다.

10
구불구불한 언덕,
중세 도시,
고요한 분위기
움브리아

Umbria

움브리아는 고대부터 중세 시대까지 다양한 문화와 역사의 영향을 받았다. 로마 제국 시기를 지나 중세 시대에는 독립된 도시국가들이 번성했다. 움브리아 요리는 단순하면서도 풍부한 맛을 자랑한다. 특히 트러플, 와인 등이 유명하다.

이탈리아 중부에 위치하고 있는 움브리아 Umbria는 아름다운 자연 경관과 중세 미술 작품으로 유명하다. 이곳은 산과 언덕 지대로 이뤄져 있으며 자연을 즐기기에 아주 좋은 곳이다.

움브리아 지역은 로마 제국 시대부터 역사적인 중요성을 지녔고 중세 시대에는 많은 미술 작품이 창작됐다.

'아시시Assisi', '페루자Perugia', '구비오Gubbio'와 같은 움브리아 도시들은 당시 예술가들의 뛰어난 능력을 입증하는 프레스코화, 그림, 조각품 등 특별한 예술적 유산을 자랑한다. 움브리아의 중세 미술품은 종교적인 주제를 반영하는 경우가 많다. 많은 성당과 대성당에는 성경 이야기를 전달하고 중세 공동체의 깊은 신앙을 보여 주는 그림과 조각의 걸작이 있다. 작품의 시대를 초월한 아름다움은 수 세기에 걸쳐 움브리아의 풍부한 예술적 유산을 보존하고 기념하는 데 도움을 준다.

이 지역은 성당, 수도원 등 다양한 종류의 건축물로 가득차 있으며 특히 '페루자'의 중세 시대 성벽과 광장, '아시시'의 성벽과 성당 등은 매우 유명하다.

움브리아는 고대부터 중요한 역사의 중심지로, 에트루리아^{Etruria}와 로마 제국의 영향을 받았다. 중세 시대에는 기독교 교황령 지역이었고 르네상스 시대에는 뛰어난 예술가들이 활동하며 다양한 문화유산을 남겼다. 이러한 역사와 문화는 지금까지도 움브리아 지역의 다양성을 보여 주고 있다.

움브리아 지역에서 가장 유명한 도시 중 하나는 '아시시'이다. 아시시는 성 프란체스코^{San Francesco}의 고향으로 유명한 성지이며 많은 성당,

아시시 성 프란체스코 성당의 프레스코화

페루자의 움브리아 국립 미술관

박물관 등이 있다. 유네스코 세계유산으로 등재된 '성 프란체스코 성당 Basilica Di San Francesco'이 유명하다.

　고대 에트루리아 Etruria 인의 역사까지 올라가는 페루자와, 대성당과 지하 도시가 있는 오르비에토 Orvieto 는 중세 도시로 유명하다.

　이곳은 자연 경관도 아름답다. 트라스테베레 Trastevere 지역의 강을 따라 펼쳐진 평화로운 풍경 그리고 푸른 언덕과 포도밭으로 둘러싸인 시골 마을들은 이 지역의 아름다움을 더해 준다. '트라스테베레 Trastevere', '몬테 팔코 Monte Falco', '파시텔로 Passitello' 등의 작은 마을도 방문해 볼 만하다.

토르타 알 테스토

움브리아 지역의 먹거리와 와인도 이탈리아의 다른 지역들과 마찬가지로 매우 풍부하다. 대표적인 음식 중 하나는 '빵'인데, 지역 특산품인 올리브유를 사용하기도 하며 맛이 매우 좋다. 움브리아 올리브유는 이탈리아에서 매우 유명하다. 지중해 지역 특유의 맛을 지니고 있으며 지역 내 여러 레스토랑에서 사용되고 있다.

'토르타 알 테스토 Torta al Testo'는 둥근 모양의 납작한 빵으로, 밀가루에 물, 우유, 요거트, 소금을 넣어 만든 반죽을 평평한 '테스토 Testo' 위에서 구워내는 일종의 움브리아 포카차이다. 절인 고기, 치즈와 함께 먹거나 메인 코스 요리와 함께 먹는다. '토르타 알 테스토 콘 라넬로 Torta al Testo Con L'agnello'처럼 양념에 재운 양고기의 함께 먹기도 한다.

움브리아의 파스타로는 '타르투포 Tartufo 파스타'와 '사그란티노 Sagrantino 파스타' 와 '스트란고치 Strangozzi 파스타'를 들 수 있다.

'타르투포 파스타'는 세계 3대 식재료 중 하나인 블랙 트러플을 사용하는 파스타이다. 움브리아는 블랙 트러플의 최대 생산지이다. 트러플은 강하면서도 독특한 향을 지니고 있어 소량만으로도 음식 맛을 좌우한다.

'사그란티노 파스타'는 현지 맛의 풍부함을 담은 요리이다. '사그란티노 디 몬테팔코 Sagrantino di Montefalco' 와인을 이용하여 파스타 소스를 만든다.

'스트란고치'는 전형적인 움브리아 파스타로, 보통 블랙 트러플 소스로 맛을 낸다. 신선한 파스타와 트러플 같은 현지 농산물을 어떻게 활용하는지를 보여 주는 훌륭한 예이다. 스트란고치는 '페투치니[1] Fettuccine' 또는 '탈리아텔레[2] Tagliatelle'와 비슷하지만 약간 더 두껍고 모양이 불규칙하다. 간단한 토마토 소스나 고기, 버섯을 곁들인 소스 등 여러 다양한 소스와 함께 먹는 경우가 많다. 이 요리는 여행객들에게 인기가 있으며 현지인들도 즐겨 먹는다.

'파파르델레 알라 레프레 Pappardelle alla Lepre'는 크고 납작한 파스타의 일종으로, 진한 소스와 짝을 이룬다. 움브리아에서 가장 유명한 버전 중 하나는 야생의 풍미가 가득한 토끼 고기 소스를 곁들인 것이다.

'카스텔루초 Castelluccio'의 '렌틸콩 Lenticchie'은 이탈리아 전역에서 유명하

---

1 페투치니 납작한 모양의 면 파스타

2 탈리아텔레 페투치네보다 좀 더 넓고 얇은 면 파스타

며 단백질이 풍부해 예로부터 주요 식량으로 사
용됐다. 카스텔루초 평야에서 재배되며 수프나
반찬을 만드는 데 자주 사용된다. 전통적인 움
브리아 렌틸콩 수프의 주요 재료이다.

렌틸콩 수프

이탈리아 전통 돼지구이인 '포르케타Porchetta'
는 지역마다 요리하는 법이 소금씩 다른데, 움브
리아의 포르케타는 돼지의 뼈를 발라 내장을 빼고 소금,
후추, 마늘, 허브로 속을 채워 통째로 구운 전통 요리이다. 이 음식은 축
하 행사 때 메인 요리로 자주 제공된다.

움브리아의 '노르차Norcia'라는 마을은 이탈리아 최고의 절인 돼지고기
제품을 생산하는 곳이다. 이곳의 '노르치네리아[3]norcineria'로 불리는 전용
상점에서 높은 품질의 프로슈토prosciutto, 살라미salami, 카포콜로capocollo
와 같은 다양한 절인 돼지고기를 만날 수 있다.

노르차의 도축과 고기 가공은 고대 로마부터 시작됐다고 한다. 마을
주변 울창한 참나무 숲의 도토리 열매는 돼지가 살기 좋은 환경을 제공
하였으며 중세 시대에 이곳의 수도사들은 돼지고기를 도축하여 장기간
보존하기 위해 숙성하기 시작했는데, 14세기에 교황 그레고리오 9세가
사순절 기간에 육류 섭취를 금지하는 교황령을 선포한 시기에도 고된
육체 노동을 이유로 교황령에서 면제되어 도축과 염지 고기 제조를 이어

---

3 노르치네리아 돼지고기 도살장을 의미한다. 노르차의 염지 돼지고기 특산품을 살 수 있는 전용 상점 또는
   노르차 염지 고기의 훌륭한 품질 자체를 뜻하기도 한다.

포르케타

갈 수 있었다고 한다. 시간이 지남에 따라 '노르체네리아'로 일컬어지던 노르차 마을의 도축과 염지 기술은 '노르치니[4] Norcini'로 알려진 정육점과 함께 고도로 전문화되면서 발전했다. 오늘날 노르차는 이탈리아 최고의 절인 고기 탄생지로 유명하며 노르체네리아 전통은 역사와 문화에 깊이 얽혀 뿌리 내린 움브리아 요리 유산의 중요한 부분으로 남아 있다.

  이곳은 다른 이탈리아 지역만큼 치즈 생산이 유명하지는 않지만, 이 지역의 맛과 미식 문화를 반영하는 전형적인 치즈로 이탈리아 미식 풍경의 다양성과 풍요로움에 기여하고 있다. 가장 잘 알려진 치즈 중 하나는

---

4 노르치니 염지 돼지고기 전문 정육점

노르차의 노르치네리아 상점

노르치네리아 상점에서 파는 햄

양유로 만든 '페코리노Pecorino'이다. 페코리노는 한편으로는 부드럽고 신선하게 먹기에 적합하고 또 한편으로는 맛이 있어 파스타 요리나 애피타이저에 사용하기도 한다. 이 치즈는 요리에 자주 사용되며 단독으로 즐기거나 꿀, 견과류 또는 잼과 함께 즐길 수 있다. 또한 많은 전통 움브리아 요리의 일반적인 재료로 사용되기도 한다. 이 밖에도 움브리아에서는 종종 허브나 향신료로 맛을 낸 반경질 치즈인 '카초타Caciotta'와 같은 치즈도 생산된다.

움브리아의 전통 디저트 중 하나는 '토르치글리오네Torciglione'이다. 아몬드 가루를 설탕, 달걀 흰자와 섞은 반죽을 꼬인 밧줄 모양으로 만들고 황금빛 갈색이 될 때까지 굽는다. 독특한 꼬인 모양으로 인해 '꼬이다'라는 의미가 있다. 로즈마리와 설탕으로 만든 시럽을 더해 더욱 맛을 높이기도 한다. 그러면 진한 아몬드 향이 나는 바삭바삭하고 약간 쫄깃한 디저트가 탄생된다. 토르치글리오네는 크리스마스, 부활절과 같은 특별한 날과 휴일에 즐기지만, 일년 내내 일부 지역 제과점과 빵집에서도 찾을 수 있다. 전통적인 이탈리아 페이스트리를 좋아하는 사람들에게 권할 만하다.

'바위'라는 뜻의 '로차타Rocciata'는 살구 잼, 사과, 호두, 아몬드, 계피가 가득한 달콤한 페이스트리이다.

'차라미콜라Ciaramicola'라는 케이크도 인기가 있다. 붉은색 리큐어로 색을 내고 달걀 흰자 머랭으로 아이

로차타

싱한 움브리아의 부활절 케이크
이다.

카스타냐초

'카스타냐초 castagnaccio '는 호박
과 밤, 캐슈너트, 호두, 버터, 설탕
등의 재료를 사용해 만드는 디저
트이다.

움브리아는 고대부터 오랜 와인 제조 전통을 이어왔다. 이 지역은 신
선한 화이트 와인부터 강렬한 레드 와인까지 다양한 고품질 와인으로
유명하다. 산기슭에 많은 포도원을 보유하고 있어서 질 좋은 와인이 생
산되고 있다. 대표적인 와인은 다음과 같다.

'사그란티노 디 몬테팔코 Sagrantino di Montefalco '는 움브리아에서 가장 유
명한 레드 와인 중 하나이다. 이 와인은 DOCG 와인이며 주로 사그란티
노 포도로 만들어진다. 과일과 향신료의 강렬한 향이 나는 탄탄하고 타
닌이 강한 와인이다. 특히, 이 와인은 숙성에 적합하다. 움브리아의 조용
한 언덕에는 사그란티노 디 몬테팔코 와인에 얽힌 전설이 있다.

오래전 중세 시대 몬테팔코 포도원 사이에 위치하고 있는 비밀 수도
원에서 수도사들은 헌신적인 노력으로 특별한 품종의 포도를 재배했다.
'사그란티노 Sagrantino '라고 불리는 이 품종은 수도원의 예배와 의식에 사
용되는 신성한 포도주 생산을 위해 재배됐다. 어느 날 수도원에 갑작스
러운 재난이 닥쳤고 승려들은 수도원을 보호하기 위해 사그란티노 재배
에 관한 기술을 숨기기로 했다. 이 포도 재배에 관한 기술은 비밀이 됐고
선택된 소수만이 특별한 품종의 존재를 알고 있었다. 시간이 흐르면서

오래된 와인 저장고

사그란티노 포도

사그란티노 품종은 움브리아 언덕에서 번성해 비밀을 간직한 보물로서 계속 이어졌다. 이후 열정적인 와인 생산자들의 노력 덕분에 몇 세기가 지나서야 사그란티노는 재발견됐고 그에 걸맞은 명성을 얻기 시작했다.

사그란티노 한 모금은 시간의 시험을 견디고 영원히 와인 애호가들을 매혹시키는 비밀스러운 품종에 대한 찬사이다. 이 지역의 풍부한 역사와 숨어 있는 보물을 밝혀낸 와인 생산자들의 열정에 찬사를 보낸다.

또 다른 레드 와인 '토르자노 로소 리제르바Torgiano Rosso Riserva'는 주로 산조베제 포도로 만들어지며 토르자노Torgiano 지역에서 생산된다. 붉은 과일 향과 복합적인 특성을 지닌 우아하고 구조감 있는 와인이다.

'그레케토Grechetto'는 움브리아Umbria의 가장 잘 알려진 화이트 와인 중 히니로, 신선히고 향기로우며 꽃 향과 과일 향이 특징이다. 이 와인은 여

오르비에토 와인

행의 활기찬 즐거움을 더하는 데 어울린다.

'오르비에토Orvieto'는 오르비에토 지역에서 생산되는 화이트 와인으로, '그레케토Grechetto', '트레비아노Trebbiano', '말바지아Malvasia', '베르델로Verdello' 등의 포도를 혼합한다. 흰색 과일과 꽃 향이 가미된 신선한 향을 지니고 있다.

'콜리 델 트라시메노 로소Colli del Trasimeno Rosso'는 페루자 서쪽에 위치한 트라시메노 호수 주변에서 생산되는 레드 와인으로, 산조베제 포도와 기타 지역 품종으로 만들어진다. 과일 향이 나며 좋은 프로필과 구조를 지니고 있다.

움브리아는 와인 애호가들에게 독특한 경험을 선사하는 그림 같은 와이너리와 울창한 언덕으로도 유명하다. 또한 움브리아 지역의 주요 산업은 사프란이다. 이 지역에서 생산되는 사프란은 향이 풍부하고 특유의 색감을 띠며 많은 요리에 사용된다. '사프란코'는 사프란을 첨가해 만든 리큐르한 와인으로, 산 조반니^{San Giovanni} 지역에서 생산된다. 달콤하고 고소한 맛과 아로마가 특징이다.

움브리아의 음식, 디저트, 와인은 이 지역과 역사를 반영한다. 이곳을 여행하는 사람이면 꼭 경험해 볼 만하다.

페루자의 와인 박물관

11
예술과 역사와
문화유산의 도시
마르케

Marche

마르케는 고대부터 중세 시대까지 다양한 문화와 역사의 영향을 받았다. 로마 제국의 영향을 받으면서 중세에는 도시 국가로 번성했고 이탈리아 르네상스기의 중요한 발전 지역 중 하나가 되었다. 마르케 요리는 단순하면서도 풍부한 맛을 자랑한다. 특히 트러플, 신선한 해산물 요리가 인기가 있다.

마르케Marche는 이탈리아의 아드리아해 연안에 위치하고 있는 지역으로, 아름다운 해변과 산악 지형을 볼 수 있으며 문화유산이 풍부한 곳이다. 마르케 지역은 중세 시대부터 발전해 온 역사와 문화를 지닌 도시들이 많다.

이 지역은 금속 가공과 도자기 생산 기술로 유명한 '피체니족Piceni'이 거주했던 로마 이전 시대로 거슬러 올라가는 고대 역사를 지니고 있다. 고대 로마는 피체니족이 살던 곳을 정복하여 '피체눔Picenum'이라 불렀다. 로마 시대에 마르케는 피체눔 지역의 일부였으며 농업 자원, 올리브유 생산 및 중요한 이동 경로 보유를 통해 로마제국의 확장과 부의 축적에 기여했다. 그 후 마르케 지역은 야만인의 침입과 고트족, 롬바르드족, 비잔틴족을 포함한 이탈리아 중세 시대를 특징짓는 다양한 지배를 겪었다.

중세 시대에는 마르케 지역의 많은 도시가 상업과 문화의 중심지로 번

우르비노

앙코나

성해 예술, 건축, 문학의 발전에 기여했다. 그중 '앙코나Ancona'와 '페르모Fermo'의 해양 공화국은 지중해 해상 무역에서 중요한 역할을 했다.

르네상스 시대에 마르케는 예술적, 문화적 번영을 경험했다. 르네상스 3대 거장 '라파엘로 산초Raffaello Sanzio'를 비롯한 많은 예술가가 이곳에서 태어나거나 활동하며 이탈리아와 세계 예술계에 큰 흔적을 남겼다.

라파엘로 산초

이탈리아 통일 전 마르케 지역은 정치적·군사적 투쟁에 참여했으며 도시와 지방 영주들은 영토 통제를 위해 충돌했다. 19세기 이탈리아 통일 이후 마르케 지역은 이탈리아 왕국의 일부가

우르비노 대성당

돼 국가의 경제적·사회적 발전에 기여했다.

오늘날 마르케는 아름다운 경치, 예술과 문화유산은 물론, 전통 요리와 고급 와인으로 유명하다. 이 지역은 역사와 전통이 풍부하고 전 세계에서 방문객을 끌어들이는 매혹적인 장소로 자리매김하고 있다.

대표적인 관광지로는 '아스콜리 피체노 Ascoli Piceno'와 '우르비노 Urbino'가 있다. 아스콜리 피체노는 도시 중심부에 위치하고 있는 중세 시대의 건축물과 유적이 많이 보존돼 있어 중세 도시의 느낌을 즐길 수 있다. 라파엘로의 고향이자 유네스코 세계유산인 우르비노는 르네상스 시대의 문화유산을 간직하고 있으며 대표적인 유적으로는 '우르비노 궁전'과 '우르비노 대성당' 등이 있다.

마르케는 해안을 따라 널리 퍼져 있는 해산물 요리와 내륙의 인기 있는 요리법으로, 해안과 내륙 지역의 영향을 골고루 반영한 다양한 요리의 전통을 자랑한다. 새우, 조개 등의 해산물과 함께 올리브유, 와인, 트러플 등의 특산물이 유명하다.

'올리브 아스콜라네Olive Ascolane'는 이탈리아 전역에서 유명한 애피타이저이다. 고기, 치즈, 허브로 올리브 속을 채우고 빵가루를 입혀 튀긴 요리이다.

'브로데토Brodetto'는 화이트 와인과 마늘로 맛을 낸 토마토 소스와 다양한 현지 해산물로 만든 해물 스튜이다.

올리브 아스콜라네

빈치스그라시

'빈치스그라시^{Vincisgrassi}'는 파스타, 미트 소스, 베샤멜 소스[1], 파마산 치즈를 겹겹이 쌓은 라자냐 요리이다. 단맛이 나며 마르케 요리의 상징이기도 하다.

'차우스콜로^{Ciauscolo}'는 돼지고기로 만든 부드럽고 펴 바르기 좋은 살라미 소시지로, 마늘과 향신료로 맛을 낸다.

'탈리아텔레 알 타르투포^{Tagliatelle al Tartufo}'는 트러플 생산으로 유명한 이곳의 파스타 요리이다. 블랙 트러플과 버터로 만든 소스를 얹는 경우가 많다.

'크레시아 스폴리아타^{Crescia Sfogliata}'는 마르케 지역의 전형적인, 속을 채

---

1 베샤멜소스 버터, 밀가루, 우유로 만드는 흰색 소스

포사 치즈의 동굴 숙성

운 포카차의 일종으로, 얇은 반죽 층에 치즈, 절인 고기 또는 야채를 채우기도 한다.

'파스타 콘 레 사르데Pasta con le Sarde'는 정어리 파스타로, 정어리, 잣, 건포도, 토마토, 야생 회향을 넣어 만든다. 이 지역의 해산물을 활용한 요리이다.

마르케 지역은 여러 가지 종류의 치즈도 생산한다.

'카시오타 두르비노Casciotta d'Urbino'는 우유와 양유를 혼합해 만든 부드러운 숙성 치즈로, 섬세하며 고소한 풍미가 있다.

'페코리노Pecorino'는 양유 치즈로, 신선하고 순한 것부터 숙성된 톡 쏘는 맛까지 여러 숙성 단계를 거친 것들이 있다.

'카프리노 델레 마르케Caprino delle Marche'는 부드러운 질감의 약간 신맛이 나는 치즈로, 신선하게 먹지만, 깊은 맛을 내기 위해 숙성시키기도 한다.

'라비졸로Raviggiolo'는 우유 또는 혼합유로 만든 신선한 치즈이다. 부드러운 질감과 달콤하고 섬세한 맛이 특징이며 달콤한 요리 재료로 사용되거나 꿀과 함께 먹는다.

독특한 치즈로는 '포사 치즈Formaggio di Fossa'가 있는데, 전통적으로 동굴에서 만들어지는 단단한 치즈이다. 동굴 숙성을 통해 치즈는 독특하고 강렬한 맛을 지니게 된다.

마르케에는 흥미로운 디저트도 많다.

'피코나티Picconati'는 마르케에서 유명한 디저트이다. 호두, 아몬드, 레몬 껍질 등을 혼합해 만든 과자로, 지역 주민뿐 아니라 여행객들도 매우 좋아한다.

판체로티

'치암벨로네Ciambellone'는 부드러운 질감과 약간의 레몬 향이 나는 전통적인 케이크이다. 가운데 구멍이 뚫린 도넛 모양이다.

'프루스틴고Frustingo'는 말린 과일, 견과류, 꿀, 향신료로 만든 크리스마스 케이크이고 '판체로티Panzerotti'와 '칼초니Calcioni'는 여러 재료를 혼합해 속을 채운 달콤한 만두 같은 피자이다.

사과 튀김인 '프리텔레 디 멜레Frittelle di Mele'는 이곳의 전통 디저트이다. 사과, 밀가루, 달걀, 설탕을 넣고 황금색이 될 때까지 튀긴 다음 설탕을 뿌린 작은 팬케이크이다.

'치체르키아타Cicerchiata'는 마르케 지역의 크리스마스 디저트로, 작은 공 모양의 반죽을 튀겨서 꿀과 섞은 일종의 달콤한 도넛이다.

마르케 지역은 훌륭한 와인 생산으로 유명하다. 이 지역의 와인은 '베르디키오 Berdicchio', '로소 Rosso' 등이 유명하다. 베르디키오는 섬세한 꽃 향과 시트러스 향이 나는 상쾌하고 드라이한 화이트 와인으로, 산도가 높고 깔끔한 맛이 특징이다. 로소는 지역 전체에서 재배되며 감귤류와 산딸기 등의 과일 향이 특징이다.

'베르디키오 데이 카스텔리 디 예지 Verdicchio dei Castelli di Jesi'와 '베르디키오 디 마텔리카 Verdicchio di Matelica'는 이 지역에서 유명한 DOCG 와인이다.

'로소 코네로 Rosso Conero'는 몬테풀차노 Montepuliciano 품종으로 만든 레드 와인으로 짙은 과일, 향신료 향과 함께 풍부하고 강력한 풍미를 제공한다.

시세르키아타

베르디키오 데이 카스텔리 디 예지 와인

'라크리마 디 모로 달바Lacrima di Morro d'Alba'는 향기가 인상적인 와인이다. 라크리마는 '눈물'이라는 뜻인데, 포도가 숙성했을 때 눈물처럼 진액이 흘러나오기 때문에 붙여진 이름이라고 한다. 고대 품종으로 꽃 향이 풍부하고 화사하다. 타닌이 적고 주로 레드 와인으로 만들어진다. 이 와인에는 특별한 이야기가 전해진다.

옛날 마르케 지방의 모로 달바라는 작은 마을에 '이자벨라Isabella'라는 젊은 농부가 살고 있었다. 이사벨라는 자신의 포도원에 열정적이었고 특히 향기로운 와인을 생산하는 라크리마 포도 재배를 좋아했다. 어느 보름날 밤, 이사벨라는 수확할 포도를 따고 있었는데 포도나무 사이로

모로 달바 와이너리

다가오는 천상의 형상을 발견했다. 그것은 투명한 날개와 머리에 포도판을 쓴 포도원의 요정이었다. 이사벨라의 헌신에 매료된 요정은 이시벨라에게 특별한 선물을 주기로 했다. 요정이 마술 지팡이로 라크리마 덩굴을 건드리자 덩굴 하나하나에 황금빛 눈물이 흘렀다. 믿을 수 없는 이 장면에 이사벨라는 두 눈을 의심했다. 마법이 담긴 황금빛 눈물은 와인에 독특하고 깊은 향을 더해 줬다. 라크리마 디 모로 달바는 황금빛 눈물의 향기와 마르케 포도원을 지키는 포도원 요정의 마법의 향기가 난다고 한다. 황금빛 눈물의 마법을 기리기 위해 이름이 붙여진 이 와인은 강렬한 향기가 감싸는 것으로 유명하다.

　마르케 지역은 아름다운 자연 경관과 함께 역사와 문화, 특산물 등이 매력적인 지역이다. 이탈리아 여행에서 마르케 지역을 방문한다면 다양한 경험과 새로운 맛을 만날 수 있을 것이다.

마르케 포도밭

12
아펜니노산맥과 아드리아해 사이에 자리 잡은 아브루초

Abruzzo

아브루초는 고대부터 중세 시대까지 다양한 문화와 역사의 영향을 받았다. 로마 제국의 영향을 받았고, 중세에는 독립된 도시 국가들이 번성했다. 아브루초 요리는 지중해의 신선한 재료를 활용하여 특유의 향과 맛을 뽐낸다. 특히, 올리브유, 토마토, 신선한 해산물, 트러플이 널리 사용된다.

이탈리아 중부에 위치하고 있는 아브루초 Abruzzo는 험준한 산맥, 숨 막히는 풍경, 풍부한 역사와 문화를 가진 곳이다. 중세 도시, 고고학 유적지, 국립공원, 아름다운 해변 등 수많은 관광 명소가 있으며 지역 고유의 전통과 맛이 어우러진 요리와 와인으로 유명하다.

신석기 시대에 인간이 정착했다는 증거가 발견된 이곳에는 에트루리아인, 로마인, 롬바르디아인 등이 거주했고 중세 시대에는 여러 봉건 영주가 이곳을 통치했다.

아브루초의 많은 성당과 성, 궁전은 이곳이 예술과 문화의 중심지였다는 것을 보여 준다. 오늘날에도 아브루초는 예술과 축제를 즐기는 활기찬 문화로 유명하다. 아브루초의 박물관, 갤러리 및 문화 기관에서 이 지역의 풍부한 역사와 문화를 볼 수 있으며, 매년 6월에 유명한 문화 행사 중 하나인 란차노Lanciano에서 열리는 전통 종교 축제 '산 조반니San Giovanni

이브루츠 사악 자애

라퀼라의 99개 분출구 분수

축제'를 즐길 수 있다.

아브루초는 험준한 산맥부터 그림 같은 해변에 이르는 멋진 풍경으로도 유명하다. 이탈리아에서 가장 아름다운 산악 경관을 자랑하는 '마옐라Majella 국립공원'을 비롯해 3개의 국립공원이 있고 전통과 역사 및 건축으로 유명한 '술모나Sulmona', '스칸노 Scanno' 및 '페스코코스탄초 Pescocostanzo' 등의 중세 도시가 있다.

아브루초의 주요 매력 중 하나는 지역 고유의 맛과 전통이 어우러진 뛰어난 요리이다. 이곳의 요리는 대체로 단순하지만 양고기, 해산물, 야생 버섯 등 현지 재료를 다양하게 사용해 맛있는 것으로 유명하다.

스칸노의 건물

현지 재료 중 엑스트라 버진 올리브유를 언급하지 않고는 아브루초 요리를 말할 수 없다. 아무르조의 엑스트라 버진 올리브유는 다양한 레시피의 기본 구성 요소이며 요리의 풍미를 살려 준다.

고기 요리는 아브루초에서 매우 일반적이다. 가장 유명한 요리라고 할 수 있는 '아로스티치니Arrosticini'는 양고기를 그릴에서 구워 수제 빵과 함께 먹는 것으로, 간단하지만 아브루초 요리의 정수를 보여 준다.

'람브 카초 에 오바Lamb Cacio e Ova'는 양고기를 치즈와 달걀로 요리한 전통 요리이다.

양념한 돼지 볼살을 훈제하고 절인 요리도 있다.

'파스타 알라 키타라Pasta alla Chitarra'는 '키타'라고도 불리는 일종의 수제 파스타이다. 기타 줄 모양 틀에서 면을 뽑은 데서 유래한 이 파스타는 보통 고기 소스, 토마토 소스와 함께 페코리노 같은 현지 치즈로 맛

아로스티치니

파스타 알라 키타라

을 낸다. 예로부터 이 파스타는 아펜니노산맥 중심부에 자리한 아브루초의 '산토 스테파노 디 세사니오 Santo Stefano di Sessanio'라는 작은 마을의 전통 축제에서 행복한 풍경을 연출하곤 했다.

마을 축제가 열리는 동안 주민들은 가장 사랑받는 지역 요리인 '파스타 알라 키타라'를 준비하기 위해 모였다. 달걀을 넣은 부드러운 반죽을 밀어 기타 줄 같은 모양의 특별한 도구로 잘라 면 모양을 만드는 이 파스타는 마을에서 대대로 전해지는 요리이다. 마을 장로들은 젊은이들에게 완벽한 파스타를 준비하는 비결을 가르쳤고, 아낙네들은 밀을 반죽하고 굴리면서 할머니들

파스타 알라 키타라 요리

이 전수해 준 옛이야기와 요리법을 나눴다. 신선한 반죽 향기가 공기를 가득 채웠고 저녁에 들려오는 기타 소리와 섞였다. 파스타가 완성된 후 정원에서 갓 수확한 토마토와 인근 시골에서 기른 돼지로 만든 훈제 베이컨이 들어간 풍부한 소스에 파스타를 익힌다. 웃음, 노래, 맛있는 향기 속에서 파티는 산토 스테파노 디 세사니오의 주민들이 파스타 알라 키타라가 놓인 테이블 주위에 모여 음식뿐 아니라 공동체에 속하는 기쁨을 나누는 풍성한 연회로 절정에 달했다.

아브루초는 고품질 치즈 생산의 전통을 자랑하는 지역이다. 이곳의 다양한 치즈는 고대 농경 및 유제품 생산뿐 아니라 산지와 농촌 지역의 독

카초카발로 치즈

특한 특성을 반영한다.

가장 상징적인 치즈 중 하나는 양유로 만든 치즈인 '페코리노 다브루초 Pecorino d'Abruzzo'이다. 이 치즈는 강렬한 풍미가 있는 숙성된 것과 바로 먹기에 좋은 신선한 것 등 여러 가지로 변형해 생산한다.

또 다른 치즈로는 우유로 만든 연질 치즈인 '카초카발로 Caciocavallo'를 들 수 있다. '말 등에 건다'라는 뜻의 이탈리아어 '카초 cacio'에서 유래한 이름인데, 이는 치즈를 높은 곳에 매달아 숙성하는 방식을 나타낸다.

'리코다 포르테 Ricotta Forte'는 양유 또는 염소유로 만든 신선한 치즈에 향긋한 허브와 후추를 첨가한다. 이 치즈는 강하고 매운맛이 나며 보통 파스타에 양념으로 쓰거나 빵에 발라 먹는다.

'스카모르차 Scamorza'는 모차렐라와 매우 비슷하지만, 더욱 강한 풍미

스카모르차 치즈

와 좀 더 단단한 질감을 지니고 있다. 풍미의 깊이를 더하기 위해 보통 훈제한다.

'카초타 Caciotta'는 양, 염소 또는 젖소의 우유로 만드는 신선하고 가벼운 치즈이다. 풍미를 더하기 위해 허브나 후추로 맛을 내기도 한다.

아브루초의 치즈 생산은 미식 문화일 뿐 아니라 농촌의 문화와 대대로 전해지는 치즈 제조 기술을 드러낸다. 이들 치즈는 아브루초의 요리 정체성의 중요한 부분을 나타내며 현지를 넘어 국제적으로 두 높이 평가된다.

카초타 치즈

아브루초의 디저트는 다양한 맛을 전한다.

파로초

'파로초 Parrozzo'는 이곳에서 달콤함을 싱싱힌다. 아몬드와 초콜릿으로 만든 돔 모양 케이크로 표면은 다크 초콜릿으로 덮여 있다. 겉은 바삭하고 속은 부드러운 대비를 이룬다.

'시제 델레 눈스 Sise delle Nuns'는 커스터드 크림을 채우고 설탕을 뿌린 두 겹의 퍼프 페이스트리로 구성돼 있다. 모양이 가슴과 비슷해 '수녀의 가슴'이라는 이름이 붙여졌다.

'아브루초 누가 Abruzzo Nougat'는 꿀, 아몬드, 달걀 흰자를 사용해 만들며

아브루초 누가

오렌지나 레몬 껍질을 첨가해 신선함을 더한다.

'페라텔레 Ferratelle'와 '피첼레 Pizzelle'는 장식적인 패턴을 만드는 특별한 틀에 구운 와플 같은 과자이다. 간단한 반죽에 바닐라나 아니스로 맛을 내기도 하며 종종 바삭바삭한 비스킷으로 만들기도 한다.

'첼리 리피에니 Celli Ripieni'는 팬케이크와 비슷한 반죽에 머스터드나 잼을 채워 구운 과자이다. 휴일에 특히 인기가 많다고 한다.

'치체르키아타 Cicerchiata'는 전형적인 크리스마스 디저트이다. 튀긴 반죽 알갱이를 꿀로 붙여 만든 이 지역의 명절 디저트이다.

'콘페토 디 술모나 Confetto di Sulmona'는 설탕을 입힌 작은 아몬드에 색과 향이 있는 페이스트를 덧씌운 것이다.

아브루초는 고품질 이탈리아 와인 생산의 오랜 전통을 가진 지역이기

피첼레

콘페토 디 술모나

몬테풀차노 다브루초

도 하다. 이 지역의 다양한 기후와 토양은 포도 재배에 적합해 풍부한
와인 문화를 만들어 왔다. 주요 품종은 '몬테풀차노Montepulciano'로, 풀보
디의 강렬한 레드 와인을 만드는 품종이다. 몬테풀차노 포도로 생산되는
가장 잘 알려진 와인 중 하나는 '몬테풀차노 다브루초Montepulciano d'Abruzzo'
로, 강렬한 루비색과 풍부한 향을 지닌 레드 와인이며 검은 과일과 향신
료 향이 특징이다.

　이 와인은 몬데풀차노 포도를 재배하던 농부 루카Luca의 열정과 헌신에
감동한 포도원 땅의 수호자가 지팡이와 약초로 마법 의식을 행해서 풍미
가 가득하고 즙이 꽉 찬 몬테풀차노 포도가 탄생했고 이 포도로 만든

와인은 검은 과일 향과 향신료 향이 입안을 감싸는 강력하고 복잡한 풍미를 지니게 됐다는 탄생의 전설을 갖고 있다. 오늘날에도 이러한 풍미는 와인 생산자의 열정과 높은 와인 품질을 통해 계속 이어지고 있다. 몬테풀차노 다브루초 한 모금은 그 마법 같은 순간과 아브루초 농부들의 땅의 헌신에 대한 찬사로 여겨진다.

또 다른 와인으로는 '트레비아노 Trebbiano' 포도로 만든 화이트 와인 '트레비아노 다브루초 Trebbiano d'Abruzzo DOC'를 들 수 있다. 이 와인은 신선하고 가벼우며 과일 향과 꽃 향을 지닌다. 다양한 요리와 잘 어울리는 와인이다.

트레비아노 다브루초

독특한 화이트 와인 '페코리노 Pecorino'는 이 지역의 전형적인 치즈와 이름이 같다. 이 와인은 동명의 포도로 생산되며 시트러스와 꽃의 신선함과 향긋함을 지니고 있다. 아브루초의 와인 문화는 지역의 요리와 문화 정체성의 필수적인 부분이다. 이곳의 와인은 농부의 열정과 지역의 와인 제조 전통을 보존하려는 열망을 반영한다. 아브루초의 많은 와이너리에서는 투어와 시음을 제공한다. 방문자는 해당 지역의 와인 생산 및 양조 역사에 대해 배울 수 있다.

아름다운 풍경, 풍부한 역사, 뛰어난 요리, 유명한 와인이 있는 아브루초는 놓쳐서는 안 될 관광지이다.

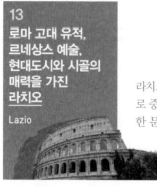

13
로마 고대 유적,
르네상스 예술,
현대도시와 시골의
매력을 가진
라치오

Lazio

라치오는 고대 로마의 중요한 항구 도시로서 역사적으로 중요한 역할을 해왔다. 고대부터 중세 시대까지 다양한 문화와 영향을 받아왔으며, 특히 로마 제국의 휴양지로 유명했다. 라치오 요리는 지중해 특유의 신선하고 풍부한 맛을 가진다. 특히 해산물 요리와 신선한 채소를 활용한 요리가 인기가 있다.

아름다운 전망과 역사적인 유산으로 유명한 라치오 Lazio 는 이탈리아 중부에 위치하며 로마Roma를 비롯한 다양한 도시와 아름다운 자연 경관, 맛있는 음식과 와인으로 유명하다. 또한 밀라노, 피렌체 등과 같은 대도시들과 교통이 잘 연결돼 있고, 로마 제국의 유산으로 잘 알려진 고대 로마시가 있어 풍부한 문화와 역사를 느낄 수 있는 곳이다. 라치오는 로마가 수도인 이탈리아에서 매우 중요한 지역 중 하나이며 역사적으로도 로마 제국의 발전에 크게 기여했다.

이곳의 역사와 문화는 오랜 세월 동안 이곳을 다스린 로마 제국의 영향을 받았다. 로마 제국 시대의 유적지인 '콜로세오 Colosseo', '판테온 Pantheon', '팔라티노 Palatino' 등은 라치오 지역의 대표적인 관광지이다. 또한 '바티칸 시국Stato della Città del Vaticano', 교황의 별장인 '카스텔 간달포 Castel Gandalfo' 등도 유명하다.

판테온

티볼리 정원

콜로세오

이 밖에 아름다운 관광지로는 '티볼리 정원Villa d'Este, Tivoli', 테르미니 Termini의 '스파 타운' 등이 있다. 티볼리 정원은 로마에서 동쪽으로 약 30㎞ 떨어진 곳에 위치하고 있다. 전통적인 이탈리아풍의 아름다운 정원과 로마 제국 시대에 건설된 아르데코 양식의 빌라로 유명하다. 테르미니의 스파 타운은 로마에서 남쪽으로 약 30㎞ 떨어진 곳에 위치하고 있으며 온천을 즐길 수 있다.

라치오 지역은 이탈리아의 다른 지역과 마찬가지로 음식과 와인이 풍부하고 로마 요리로 유명하다. '파스타 카르보나라Pasta Carbonara', '로마식 피자 카프레제Pizza Caprese', '아마트리치아나Amatriciana 파스타' 등이 많이 알려져 있다.

로마 외곽 지역에서는 '안티파스토¹Antipasto'와 구운 고기인 '카르네 알라 브라체Carne alla Brace'가 유명하다.

'파스타 카르보나라'는 스파게티나 부카티니²Bucatini 위에 달걀, 염장 또는 훈제한 돼지고기, 페코리노 치즈를 얹은 요리이다.

이 요리는 숯을 다루는 노동자들이 아펜니노산맥에서 일하면서 달걀, 치즈, 후추를 사용해 비슷한 요리를 만들어 먹었기 때문에 숯쟁이를 의미하는 단어 '카르보나로Carbonaro'에서 유래한 '카르보나라'로 알려지게

---

1 안티파스토 이탈리아 식사의 첫 번째 과정인 전채 요리라고 할 수 있다. 식전주와 절인 고기, 올리브, 치즈, 샐러드 등의 요리가 이에 해당한다.

2 부카티니 가운데에 구멍이 뚫린 굵은 스파게티 모양의 면 파스타

로마식 피자 카프레제

됐다고 한다.

　스파게티 알라 카르보나라Spaghetti alla Carbonara는 달걀, 후추, 페코리노 로마노 치즈, 판체타[3]Pancetta 또는 관찰레[4]Guanciale로 만든 소스를 버무린 스파게티 면이 특징이다. 스파게티 알라 카르보나라는 제2차 세계대전 당시 로마에 주둔한 미군이 베이컨과 달걀을 식량으로 가져왔을 때 탄생했다고도 한다. 그 당시 전시 배급으로 인해 제한된 재료를 이용할 수 있었던 현지 이탈리아인들은 미국 배급 식량에 자신들의 파스타를 결합해

3　판체타 돼지 뱃살을 염장하고 양념하여 건조 숙성한 가공육

4　관찰레 돼지머리 고기를 염장 건조한 가공육

스파게티 알라 카르보나라

맛있고 풍성한 식사를 만들었다. 식량이 부족했던 시대임에도 불구하고
이탈리아 요리의 독창성을 보여 줬던 간단하면서도 믿을 수 없을 만큼
풍미가 가득한 요리이다.

'부카티니 알라마트리치아나Bucatini all'Amatriciana'는 또 다른 로마 요리의
고전으로 통하는 파스타이다. 토마토 소스, 베이컨, 후추, 페코리노 치즈
로 맛을 낸다.

'살팀보카 알라 로마나Saltimbocca alla Romana'는 생햄과 세이지 잎으로 덮은
송아지 고기 조각을 화이트 와인, 버터와 함께 팬에 조리한다. 섬세하고
향긋한 맛이 나는 요리이다.

'코다 알라 바치나라Coda alla Vaccinara'는 소꼬리를 토마토, 양파, 셀러리,

살팀보카 알라 로마나

아바키오 알라 스코타디토

당근, 허브와 함께 천천히 조리한 전통 로마 요리이다.

'수플리Suppli'는 주먹밥에 라구, 모차렐라 치즈를 넣고 튀긴 것으로, 보통 간식이나 애피타이저로 먹는다.

'카르초피 알라 로마나Carciofi alla Romana'는 마늘, 파슬리, 민트와 함께 요리한 아티초크이다. 보통 곁들임 요리나 애피타이저로 제공된다.

'아바키오 알라 스코타디토Abbacchio alla Scottadito'는 어린 양고기를 절여 구워 낸 요리이다. '손가락 화상'이라는 별명을 갖고 있는데, 이는 '양갈비 가 너무 맛있어 빨리 먹다가 손가락이 델 정도'라는 뜻이다.

라치오의 요리는 로마라는 도시의 역사와 문화에 뿌리를 두고 있다. 신선하고 소박한 재료를 사용한 다양한 요리들은 수 세기에 걸친 이 지역 여러 공동체의 영향을 보여 주기도 한다.

라치오 지방은 다양하고 맛있는 치즈를 탄생시킨 전통으로 유명하다. 이곳의 전형적인 치즈 종류는 다음과 같다.

'페코리노 로마노Pecorino Romano'는 라치오의 가장 상징적인 치즈이다. 양유에서 얻은 이 단단한 치즈는 몇 달에서 1년 이상까지 다양한 기간으로 숙성시키기도 한다. 짠맛이 강하고 숙성될수록 질감이 더욱 강해진다. 파스타나 수프에 갈아서 사용하는 경우가 많다.

'카초피오레Caciofiore'는 라치오의 비테르보Viterbo 지방의 대표적인 치즈이다. 양유로 만든 커드 치즈인데, 숙성 없이 생으로 먹는다는 것이 특징이다. 부드러운 식감과 달콤하고 섬세한 맛이 있어 치즈 자체만 먹거나 갓 구운 빵과 함께 먹어도 좋다.

'마르촐리나Marzolina'는 전통적으로 3월에 생산되는데, 생산되는 월의 이름을 딴 신선한 제철 치즈이다. 양유로 만든 이 치즈는 부드럽고 얇은 치즈로, 종종 백리향과 같은 향기로운 허브로 맛을 낸다. 섬세한 치즈로, 봄에 즐기기에 이상적이다.

'피오레 델 라치오Fiore del Lazio'는 '라치오의 꽃'이라는 의미로, '피오르 디 라테fior di latte'라고도 알려진 꽃 모양의 치즈이다. 우유로 만든 신선하고 크리미한 가벼운 치즈이다. 부드러운 질감으로 인해 빵에 바르거나 신선한 과일과 함께 즐기기에 적합하다.

라치오산 염소유 치즈는 단단하고 맛있는 질감이 특징이다. 다양한 기

페코리노 로마노 치즈

간 동안 숙성할 수 있으며 맛과 질감이 다양하다.

풍부한 토지와 목초지를 갖춘 라치오 지방은 지역의 낙농 전통을 반영하여 독특한 맛의 다양한 치즈를 생산한다.

라치오에서 인기 있는 디저트로는 '마리토초 Maritozzo', '크로스타타 디 리코타 Crostata di Ricotta', '칸놀리 알라 로마나 Cannoli alla Romana', '모스타촐리 Mostaccioli', '주파 잉글레제 Zuppa Inglese', '판잘로 Pangiallo' 등이 있다.

'마리토초'는 달콤한 전통적인 로마식 롤빵으로, 아침 식사 또는 디저트로 먹는다. 보통 휘핑 크림으로 속을 채우거나 설탕에 절인 과일로 장식한다. 반죽은 약간 달콤하고 버터가 풍부해 식감이 부드럽다.

'크로스타타 디 리코타'는 전통적인 이탈리아 리코타 치즈 타르트이다. 속은 크리미한 리코타 치즈, 설탕, 달걀로 만들어지며 보통 레몬 또는 오렌지 향으로 맛을 낸다. 쇼트크러스트 페이스트리에 리코타 치즈 반죽

마리토초

을 채워 윗면이 황금빛 갈색이 될 때까지 굽는다.

'칸놀리 알라 로마나'는 영화 「대부」에서도 등장하는 시칠리아 칸놀리와는 다르게 부드러운 스펀지 케이크와 비슷한 반죽으로 만든 파이프 모양의 페이스트리이다. 일반적으로 리코타 치즈, 설탕, 설탕에 절인 과일, 때로는 초콜릿 칩으로 속을 채운다.

'모스타촐리'는 꿀, 아몬드, 코코아로 만든 다이아몬드 모양의 쿠키이다. 약간 바삭한 질감을 지니고 있으며 계피, 정향 또는 육두구와 같은 향신료로 맛을 낸다.

주파 잉글레제

'주파 잉글레제'는 라치오뿐 아니라 이탈리아 전역에서 인기 있는 디저트이다. 바닐라와 초콜릿 커스터드가 붉은빛의 '알케르메스[5] Alchermes'와 같은 리큐어에 담근 스펀지 케이크와 층을 이룬 디저트이다. 레이디핑거[6]로 만든 트라이플[7]과 비슷하다.

모스타촐리

'판잘로'는 전통적인 로마의 크리스마스 디저트로, 꿀, 견과류, 설탕에 절인 과일, 계피와 정향 등의 향신료로 만든다. '판잘로'리는 이름은 이탈리아어로 '노란 빵'을 의미하는 '파네 잘로 Pane Giallo '에서 유래했으며 황금색 빵을 의미한다.

판잘로

이들 디저트는 라치오에서 찾을 수 있는 달콤한 간식 중 몇 가지에 불과하다. 더 많은 디저트가 이곳의 요리 역사와 문화유산을 담고 있으며 라치오의 디저트는 이 지역을 방문하는 사람이 꼭 먹어 봐야 할 음식이다.

라치오의 대표적인 와인으로는 가벼운 맛과 깨끗한 향이 특징인 화이트 와인 '칸넬리노 디 프라스카티 Cannellino di Frascati '와 레드 와인 '체사네제 델 피글리오 Cesanese del Piglio DOCG'가 있다.

---

5 알케르메스 주류에 붉은 색소와 바닐라 등의 향신료와 허브를 넣어 만든 이탈리아 리큐어

6 레이디 핑거 여러 디저트의 베이스로 사용하는 손가락 모양의 쿠키

7 트라이플 와인 등에 담근 스펀지케이크와 휘핑 크림을 번갈아 쌓고 과일 등을 올려 먹는 잉글랜드 지역의 디저트

칸넬리노 디 프라스카티는 로마에서 40km 떨어진 프라스카티 지역에서 생산되며 약간 스파이시한 맛이 특징이다. 프라스카티 와인에는 바코이아Baccoia 여신의 전설이 전해진다.

수 세기 전 풍요와 번영의 시대에 '바코이아'라고 불리는 농작물과 와인의 여신이 땅에 내려와 농부들에게 특별한 선물을 줬다고 한다. 황금꿀을 사랑하는 여신은 보름달이 뜨는 밤에 프라스카티 지역의 포도원을 방문했다. 머리에 포도 관을 쓰고 손에 금잔을 든 바코이아는 은빛 달빛 아래 덩굴줄기 사이에서 춤을 췄다. 그의 춤 동작은 마법처럼 포도원에 특별한 힘을 불어넣어 더욱 즙이 많고 향긋한 포도를 만들었다. 아침이 되자 농부들은 포도원이 변한 것을 알아차렸다. 마법의 생명력으로 가득찬 포도는 수확돼 신들의 꿀로 변할 준비가 돼 있었다. 이런 매혹적인 포도로 생산된 프라스카티 와인은 신선함과 섬세한 향, 균형 잡힌 맛으로 유명해졌다. 그날 이후 바코이아 여신은 계속 프라스카티의 포도원을 돌보며 모든 포도송이에 그녀의 마법이 전달되도록 축복을 내렸다고 한다. 신화와 땅에 대한 열정의 역사를 지닌 프라스카티 와인은 지금까지 라치오 와인의 보물 중 하나로 여겨지고 있다.

또 다른 라치오 지역의 와인은 대체로 가볍고 미디엄 보디이며, 일상적인 식사와 잘 어울린다. '마리노Marino'는 맛이 진하고 강한 향이 있으며 '카스텔리 로마니Castelli Romani'는 과일 향이 강하고 달콤하다. '트레비아노Trebbiano'는 밝은 노란색을 띠며 과일 향과 깔끔한 맛이 특징이다. '세자네제Cesanese'는 향이 풍부하고 산미가 강하다.

어느 곳을 여행하든 우리가 여행에서 가장 먼저 다르다고 느낄 수 있는 것은 보는 것과 먹는 것이라고 생각한다. 로마 제국의 역사가 깃든 이곳에서 비슷하지만 다른 것을 보고 먹고 느끼는 것은 또 다른 경험이 될 것이다.

카스텔리 로마니 와인 생산 모습

시칠리아

이탈리아
남부

이탈리아 남부는 아름다운 해변
과 섬들로 유명하며 지중해의 따
뜻한 기후를 즐길 수 있는 자연적
인 아름다움을 지니고 있다.

농촌 지역이 많아 신선한 농산물
과 해산물 그리고 풍미 있는 와인
과 더불어 맛있는 음식을 맛볼 수
있다. 이곳은 역사 유산 또한 많
은 곳이다. 그리스, 로마 유적지
와 중세 시대의 마을이 많이 있으
며 고대 유적지도 관광객들에게
인기가 있다.

이탈리아 남부는 다양한 문화의
영향을 받은 지역으로, 그 특성
이 고대부터 이어져 내려와 복합
적이고 다양한 문화를 지니고 있
다. 카프리, 아말피 해안, 시칠리
아 섬 등은 매년 수많은 관광객이
찾는 인기 명소이다.

14
때 묻지 않은 풍경,
유서 깊은 지역
몰리제

Molise

몰리제는 중세 이후에 중요해졌다. 고대에는 사람들이 주로 이주하였으며, 중세 시대에는 다양한 왕국의 영향을 받았다. 몰리제 요리에는 토마토, 올리브유, 신선한 채소와 고기가 주로 사용되며, 지중해의 특색을 강조한다.

몰리제Molise는 아브루초Abruzzo와 풀리아 Puglia 지역 사이에 위치하고 있는 남부 이탈리아의 작지만 매력적인 지역이다. 이탈리아에서 매우 작은 지역 중 하나인데도 역사와 문화, 아름다운 풍경, 독특한 요리와 와인을 자랑한다.

이곳의 역사는 구석기 시대부터 인간 정착과 함께 시작하고 고대를 거친다. 삼니움[1]Samnium, 로만Roman, 롬바르드족Lombards 및 노르만족 Normans을 포함한 다양한 민족이 거주했던 이곳은 중세 시대 문화의 중심지였다. 많은 성당, 성 그리고 왕궁 등에 중세의 예술과 문화가 반영됐다.

몰리제의 유명한 도시와 마을로는 '캄포바소Campobasso', '테르몰리

---

1 삼니움 이탈리아 중남부 삼니움에 거주했던 고대 삼니움족

캄포바소

테르몰리 해안

Termoli', '이제르니아Isernia', '아뇨네Agnone', '카스텔로 판도레Castello
Pandore' 그리고 '볼투르노Volturno' 등이 있다.

　'캄포바소'는 이 지역의 주요 도시이다. 구불구불한 거리, 고대 건물
및 역사적인 교회가 있는 중세 역사 중심지로 유명하다. 중요한 명소로는
'몬포르테 성Castello Monforte', '산 조르지오 대성당Cattedrale di San Giorgio', '산
니티코 박물관Museo Sannitico' 등이 있다.

　아드리아해 해안을 따라 위치하고 있는 '테르몰리'는 중세 성벽으로
둘러싸인 매력적인 역사적 중심지를 갖춘, 그림처럼 아름다운 항구 도
시이다. 황금빛 모래사장과 좁은 자갈길이 있는 독특한 고대 마을 풍경
이 이곳을 인기 있는 관광지로 만든다.

　'이제르니아'는 몰리제의 또 다른 중요한 도시이다. '치비타 디 세피노
Civita di Sepino' 및 '산타 마리아 델레 모나케 국립 박물관Museo Nazionale di

이제르니아의 형제 분수

Santa Maria delle Monache'과 같은 고고학 유적지와 함께 주목할 만한 역사와 문화유산을 자랑한다.

'아브루초, 라치오, 몰리제 국립공원'은 이탈리아 3개 지역에 걸쳐 있다. 다양한 하이킹 코스가 있고 숨 막히는 풍경, 자연 그대로의 산, 수정처럼 맑은 호수, 풍부한 야생 동물을 볼 수 있다.

전통적인 장인의 청동 주조 작업을 볼 수 있는 유명한 매력적인 중세 마을인 '아뇨네'는 이탈리아에서 가장 오래된 종 주조 공장이 있는 곳으로 유명하다. 여행객들은 역사적인 중심지의 좁은 거리를 다닐 수 있고 대대로 전해 내려온 고대 기술에 따라 아직도 종을 만들고 있는 장인의 작업장을 방문할 수 있다.

'카스텔로 판도네'는 볼투르노Volturno 계곡이 내려다 보이는 인상적인 중세 요새이다. 주변 시골이 탁 트인 멋진 전망을 볼 수 있고 문화 행사

아뇨네의 청동 종

와 전시회가 자주 개최되는 곳이다.

이곳들은 역사, 문화, 오염되지 않은 자연과 진정성이 독특하게 결합된 지역인 몰리제의 흥미로운 장소 중 일부에 불과하다.

오늘날 몰리제는 예술, 음악 및 축제 등 활기찬 문화로 유명하다. 이 지역의 풍부한 역사와 유산을 보여 주는 수많은 박물관, 갤러리 및 문화 기관이 있다. 가장 유명한 문화 행사 중 하나는 매년 9월에 열리는 전통 종교 축제인 '포도밭의 성모 마리아 축제Festival della Madonna delle Vigne'이다.

'포도밭의 성모 마리아 축제'는 몰리제에서 열리는 전통 종교 행사이다. 이 축제는 포도나무와 포도원의 수호자로 여겨지는 성모 마리아에게 헌정되며 이 지역에서 존경받는 신성한 인물을 기리기 위해 열린다. 이 축제 기간에는 농부와 와인 제조업자들이 모여 포도 수확을 축하하고 감사하며 농작물에 대한 축복을 기원한다.

축제는 대개 포도 수확철인 9월에 열린다. 축하 행사에는 성모 마리아의 아이콘이나 동상을 들고 마을 거리를 행진하는 종교 행렬이 포함되며 종종 노래와 기도가 동반된다. 사람들은 행렬이 진행되는 동안 성모 마리아께 드리는 감사와 봉헌의 상징인 꽃, 과일, 때로는 와인 병을 가져오기도 한다.

행렬이 끝난 후에는 노래, 전통 춤, 현지 음식과 음료, 게임, 문화 공연 등을 즐길 수 있다. 사람들이 함께 모여 지역의 신앙, 전통, 농업의 중요성을 기념하는 공동체의 시간이다.

이 축제는 종교, 문화, 농업이 지역 사회의 삶에 어떻게 얽혀 있는지 보여 주는 예이며, 몰리제 지역민들이 성모 마리아와 그들이 살고 있는 지역의 아름다움을 기리면서 감사의 순간을 공유할 수 있는 기회를 제공한다.

몰리제의 음식은 역사와 전통에 뿌리를 두고 있으며 소박한 재료로 풍성한 식사를 만드는 특징이 있다. 그들은 염소, 양 등의 고기와 내장, 현지 야채와 허브를 이용한다. 이곳의 요리, 디저트, 치즈는 이곳의 진정성과 역사를 반영한다.

이곳의 또 다른 매력 중 하나는 지역 고유의 맛과 전통이 어우러진 뛰어난 요리이다. 양고기, 돼지고기, 해산물과 같은 현지 재료로 만든

주파 디 파졸리

간단하고 푸짐한 요리가 유명하다. 가장 유명한 요리로는 토마토 소스에 곁들인 치즈와 달걀 미트볼인 '팔로테 카초 에 오바^{Pallotte Cacio e Ova}', 푸짐한 콩 수프인 '주파 디 파졸리^{Zuppa di Fagioli}'를 비롯해 카바텔리^{Cavatelli}, '폴렌타 디르피니아^{Polenta d'Irpinia}'가 있다.

'카바텔리 알 수고 다녤로^{Cavatelli al sugo d'Agnello}'는 양고기 소스를 곁들인 파스타이다. '카바텔리'는 작은 뇨키^{gnocchi} 모양의 신선한 파스타로 보통 풍부한 양고기 소스를 곁들인다. 이 요리는 이 지역 농부들이 즐겨 먹는 요리이다.

'아녤로 소토 일 코포^{Agnello Sotto il Coppo}'는 양고기 요리이다. 일반적으

카바텔리 파스타

로 '코포'라는 테라코타 용기에서 양고기를 천천히 요리하는 전통 몰리제 요리이다. 고기는 마늘, 후추, 향기로운 허브로 맛을 낸다.

'폴렌타 디르피니아Polenta d'Irpinia'는 몰리제에서 인기 있는 반찬으로, 종종 버섯과 고기 또는 치즈를 기본으로 한 소스와 함께 제공되며 옥수수 가루를 사용해 만드는 음식이다.

몰리제 전역에서 높이 평가되며 풍부한 요리의 전통과 역사를 상징하는 것으로는 '페페론치노 수프Zuppa di Peperoncino'가 있다. 몰리제에는 이 수프에 관한 흥미로운 이야기가 전해진다.

오래전 몰리제의 시골에 '로자Rosa'라는 농부가 살았다. 로지는 지신

의 땅을 사랑했고 채소를 재배하고 동물을 돌보는 데 열정적으로 헌신
했다. 어느 날 로자는 성원에서 야채를 따면 중 수백 년 된 나뭇가지 사
이에서 신비한 빛이 빛나는 것을 보게 되었고, 빛이 나는 곳에서 맛있
고 포근한 향기를 풍기는 붉은 고추를 발견했다. 로자는 그것이 신의
선물이라고 확신하고 수확하여 부엌으로 가져갔다. 그는 자신의 땅에
서 수확한 재료를 이용해 독특하고 잊을 수 없는 요리인 '몰리자나 페
페론치노 수프Zuppa di Peperoncino Molisana'를 만들었다. 신선한 페페론치노
와 밭에서 수확한 토마토, 양파, 마늘, 허브를 냄비에 담고 불 위에서 천

몰리자나 페페론치노 수프

천히 섞어 마을 전체를 뒤덮는 음식 향기를 만들어 냈다. 수프가 완성되자 그는 수프를 이웃과 친구들에게 대접했고 그들은 그 강렬하고 포근한 맛에 매료됐다. 그날부터 '몰리자나 페페론치노 수프'는 독특한 맛과 마음과 영혼을 따뜻하게 해 주는 능력으로 몰리제의 상징적인 요리가 됐다.

몰리제의 치즈는 이 지역을 대표하는 것 중 하나이다. 젖소를 위한 넓은 목장과 산이 있어 뛰어난 품질의 치즈를 생산할 수 있는 이상적인 환경을 갖추고 있다. 이곳의 치즈는 전통적 제조법과 자연의 혜택을 결합하여 맛과 품질에서 높은 수준을 유지한다.

카초카발로 디 아뇨네 치즈

'카초카발로 디 아뇨네Caciocavallo di Agnone DOP'는 몰리제의 아뇨네 지역에서 생산되는 연성 치즈이다. 풍부하고 향기로운 맛이 특징이다.

'스카모르차 디 바스토기라르Scamorza di Vastogirar'도 연성 치즈이고 모차렐라와 비슷하지만 숙성되며, 변종은 특히 유명하다. 독특한 맛을 위해 훈제하기도 한다.

'페코리노 디 타볼리에레Pecorino di Tavoliere'는 몰리제에서 생산되는 단단한 치즈이다. 짠맛이 강해 파

보코노티

스타의 조미료로 갈아서 사용하는 경우가 많다.

이탈리아 남부의 알프스와 아드리아해 사이에 자리 잡고 있는 몰리제의 독특한 지리적 위치는 디저트에 영향을 미친다. 몰리제의 디저트는 좋은 재료와 전통적인 방법으로 만들어진다.

'보코노티Bocconotti'는 아몬드, 코코아, 커피 및 리큐어를 기반으로 한 맛있는 크림으로 채워진 몰리제의 전형적인 과자이다. 초승달 모양이나 둥근 모양을 띤다.

'칼초니Calcioni'는 '스폴리아텔레[2]Sfogliatelle'와 비슷하게 생겼으며 얇은 페이스트리 층으로 만든 잼이나 머스타드로 채워진 전통 과자이다. '페라텔레Ferratelle'는 얇은 웨이퍼로 보통 아니스나 바닐라 맛이 나며 바삭하고 부드럽다.

몰리제 지역은 양질의 와인을 생산하는 것으로 유명하다.

상대적으로 작은 지역인데도 몰리제는 역사 깊은 포도주 양조 전통을 가지고 있다. 또한 이 지역은 대륙의 영향을 받은 지중해성 기후가 특징이며 추운 겨울과 더운 여름이 있어 포도 재배에 유리하다.

---

2 스폴리아텔레 이탈리아 남부 특히 나폴리 지역에서 유래한 전통적인 페이스트리

칼초니

이 지역에서 가장 많이 재배되는 포도나무 중 '틴틸리아Tintilia'는 특징적인 맛을 가진 이 지역의 문화와 전통을 상징하는 희귀한 토착 품종으로, 최근 몇 년 동안 재평가됐으며 우수한 구조와 복합성이 특징인 레드 와인을 생산하는 자생 포도이다. 틴틸리아 와인은 종종 어두운 과일과 향신료의 향을 지니고 있다. 몰리제 포도 재배의 상징이 된 고대 적포도 품종이며, 이 포도로 생산되는 와인은 강렬한 색상, 부드러운 타닌, 붉은 과일에서 향신료에 이르는 복잡한 향이 특징이다.

'알리아니코 델 몰리제Aglianico del Molise'는 몰리제에서 재배되는 또 다른 적포도 품종이다. 이 품종의 와인은 탄탄한 구조, 생생한 산미, 향긋한 복합성으로 유명하다. 검은 과일, 향신료, 담배 향을 느낄 수 있다.

또 다른 중요한 포도 품종은 몬테풀차노Monte Pulciano로, 잘 익은 붉은 과일, 허브, 가벼운 흙빛 톤의 힌트가 있는 강렬하고 풍부한 레드 와인을 생산한다. 이 포도나무는 이탈리아 남부 전역에서 널리 재배된다.

'비페르노Biferno'는 이 지역에서 생산되는 DOC 레드 와인이다. 보통 몬테풀차노, 알리아니코 및 트레비아노와 같은 품종이 혼합돼 있다. 이 와인은 좋은 구조감이 특징이며 검은 과일, 허브, 스파이시한 향을 포함

트레비아노 포도

한 다양한 향을 표현할 수 있다.

'몰리제 비양코Molise Bianco' 화이트 와인은 종종 '팔랑기나Falanghina' 및 '트레비아노Trebbiano'와 같은 현지 품종으로 만들어진다. 이 화이트 와인은 신선하고 향기로우며 다양한 상황에 적합하다. 흰색 과일, 꽃, 감귤 향이 난다.

일부 와이너리에서는 몬테풀차노로 만든 로제 와인도 생산한다. '몰리제 로제Molise Rosé'는 가볍고 신선하며 과일 향과 꽃 향이 특징이다.

몰리제 언덕은 포도 재배에 유리한 다양한 토양과 기후를 제공해 독특한 와인 생산에 기여한다. 이곳의 와인 생산은 다른 이탈리아 지역만큼 잘 알려져 있지는 않지만, 와인의 품질과 와인 제조 전통을 인정받고 있다.

와인 애호가 또는 이탈리아의 잘 알려지지 않은 와인 전통을 알고 싶어 하는 사람에게 몰리제 와인은 확실히 음미할 만한 뭔가를 느끼게 해준다. 몰리제는 역사, 문화 및 자연의 아름다움이 독특한 조화를 이루는 숨어 있는 보석이다. 독특한 맛과 풍부한 역사를 통해 이탈리아의 정수를 느끼고, 자연의 아름다움과 전통이 살아 숨쉬는 진정한 미식과 문화를 경험해 보기 바란다.

15
아름다운 자연, 깊은 역사, 활기찬 문화의 조화가 있는 캄파니아

Campania

캄파니아는 고대 그리스 식민지로 시작한 로마 제국의 중요한 영토였다. 중세에는 다양한 왕국과 군주의 영향을 받았으며, 나폴리 왕국의 중심지였다. 캄파니아 요리는 토마토, 올리브유, 모차렐라 치즈를 중심으로 한 간단하면서도 풍부한 맛을 가지고 있으며, 특히 피자와 파스타 요리가 유명하다.

캄파니아Campania는 이탈리아 남부에 위치한 지역으로, 아름다운 풍경, 풍부한 역사, 활기찬 문화로 유명하다. 고대로 거슬러 올라가는 역사를 가진 캄파니아는 풍부한 문화재와 랜드마크는 물론 아름다운 자연 경관을 자랑한다.

캄파니아의 역사는 기원전 8세기에 그리스인들이 세운 도시인 나폴리Napoli의 역사와 밀접한 관련이 있다. 나폴리는 예술, 문화, 상업의 중심지이자 정치 권력의 중심지였다. 나폴리는 수세기에 걸쳐 로마, 비잔틴, 노르만, 스페인을 포함한 다양한 세력에 의해 정복됐으며 각 세력은 도시의 건축, 예술 및 문화에 흔적을 남겼다.

캄파니아는 나폴리, 아벨리노Avellino, 베네벤토Benevento, 카제르타Caserta, 살레르노Salerno의 5개 도시로 구성돼 있다. 그리고 이곳에는 이탈리아 남부 여행의 꽃이라 불리는 '아말피Amalfi', '포지타노Positano', '카프리Capri'가 있다.

나폴리 거리

오늘날 나폴리는 고대와 현대가 공존하면서 조화를 이루는 도시이다. 여행자들은 '카스텔 델로보 Castel dell'ovo', '나폴리 왕궁 Palazzo Reale di Napoli', '산타 마리아 아순타 Santa Maria Assunta 대성당'을 포함해 이탈리아에서 가장 인상적인 랜드마크가 있는, 유네스코 세계유산인 역사적 도시를 둘러볼 수 있다.

'카스텔 델로보'는 나폴리 해변에 위치하고 있는 성이다. 도시에서 가장 오래된 성으로 알려져 있으며 왕가의 거주지와 감옥으로 사용됐다. 이 성에는 머리에 달걀 모양의 혹을 가진 루쿨루스 Lucullus 라는 귀족이 성을 지어 '달걀 성'이라는 이름을 갖게 됐다는 재미있는 이야기기 전

포지타노

해진다.

카스텔 델로보의 전설에는 성 어딘가에 숨어 있는 마법의 알에 대한 이야기도 있다. 알이 성을 존재하게 하고 도시를 위험으로부터 보호하는 힘이 있다는 것과 알이 발견돼 파괴되면 성과 도시도 함께 파괴된다는 전설이다. 알을 찾으려는 수 세기 동안의 여러 시도에도 불구하고 마법의 알은 발견되지 않았다고 한다. 전설은 카스텔 델 로보를 방문하는 사람들에게 매혹의 원천이 되고 있으며 성은 나폴리에서 가장 상징적이고 사랑받는 랜드마크로 남아 있다.

캄파니아는 험준한 산, 무성한 계곡, 멋진 해안선이 특징인 자연의 아름다움으로도 유명하다. '칠렌토 Cilento' 또는 '발로 디 디아노 Vallo di Diano'

아말피 대성당

라 불리는 국립공원과 '베수비우스Vesuvius 국립공원'이 있으며 두 국립
공원 모두 여행자들에게 이탈리아에서 가장 아름다운 자연 경관을 선
사한다.

　캄파니아는 역사와 자연의 아름다움 외에도 신선한 현지 재료와 풍
미 가득한 대담함이 특징인 이탈리아 남부 요리로도 유명하다. 또한 지
역의 독특한 지리, 기후 및 문화적 영향을 반영하는 다양한 요리를 자랑
하며, 나폴리에서 유래한 것으로 알려진 피자와 '스파게티 알레 봉골레
Spaghetti alle Vongole', 이탈리아 남부에서 즐겨 먹는 '파스타 에 피졸리Pasta
e Fagioli'와 같은 콩을 넣은 파스타 요리로도 유명하다.

　나폴리 스타일 피자는 얇고 바삭한 크러스트와 산 마르자노San Marzano

토마토, 모차렐라 디 부팔라Bufala, 신선한 바질 등의 토핑으로 유명하다. 이 지역의 '산 마르자노 토마토'는 세계 최고의 풍미를 사랑하니 파스타 위에 곁들이는 풍미 가득한 소스를 만드는 데 자주 사용된다.

1889년 나폴리 출신의 피자 요리사 라파엘레 에스포지토Raffaele Esposito는 나폴리를 방문한 사보이아Savoia의 마르게리타Margherita 여왕을 기리기 위해 특별한 피자를 만들어 달라는 의뢰를 받았다. 에스포지토는 이탈리아 국기 색상인 녹색, 흰색, 빨간색을 대표하는 바질, 모차렐라, 토마토를 곁들인 피자를 준비했다. 마르게리타 여왕이 이 피자를 너무 좋아해서 '마르게리타 피자'라는 이름을 얻었고 이는 세계에서 가장 유명한 요리 중 하나가 됐다.

파스타 에 파졸리

'나폴리 소스'라고도 알려진 나폴리 라구Ragù는 나폴리 요리의 전통 소스이다. 나폴리 요리사가 쇠고기, 토마토, 양파, 셀러리, 당근, 향신료를 사용해 이 풍부한 소스를 처음 만들었던 시기는 18세기로 거슬러 올라간다. 많은 음식에 나폴리 라구가 사용돼 깊고 포근한 맛을 더하고 있다.

캄파니아는 지중해 연안에 위치해 풍부한 해산물로 유명하다. 인기 있는 해산물 요리로는 오징어튀김인 '칼라마리Calamari', 조개를 넣은 '스파게티 알레 봉골레Spaghetti alle Vonglole', '구운 문어' 등이 있다.

식사용 음식과 더불어 이곳 사람들의 식단에 중요한 부분을 차지하고 있는 것은 '치즈'와 '디저트'이다.

나폴리의 길거리 음식

모차렐라 디 부팔라 캄파나

'모차렐라 디 부팔라 캄파나Mozzarella di Bufala Campana DOP'는 캄파니아
산 버팔로 모차렐라로, 가장 잘 알려지고 높이 평가되는 이탈리아 치즈
중 하나이다. 버팔로 우유로 만들어 부드럽고 크리미하며 섬세한 맛이
특징이다.

'리코타 디 부팔라 캄파나Ricotta di Bufala Campana DOP'는 캄파니아산 버
팔로 리코타로, 버팔로 모차렐라 가공 과정에서 남은 유청으로 생산한
다. 크림 같은 농도를 가지며, 달콤하고 약간 신맛이 난다.

'프로볼로네 델 모나코Provolone del Monaco DOP'라는 단단한 치즈는 소
렌토Sorrento 와 아말피Amalfi 해안 사이에 위치하고 있는 '몬티 라타리Monti
Lattari' 지역에서 생산된다. 숙성 기간에 따라 질감이 달라지며 강하고
향긋한 풍미가 있다.

'카초카발로 포돌리코Caciocavallo Podolico'는 현지 소 품종인 '포돌리코

스폴리아텔라

Podolico'의 우유로 만들며 복잡하고 풍부한 맛을 지니고 있다. 좀 더 많은 풍미를 얻기 위해 동굴에서 숙성된다.

'스폴리아텔라Sfogliatella'는 캄파니아의 가장 상징적인 디저트 중 하나이다. 스폴리아텔라는 '많은 잎' 또는 '층'이라는 뜻이다. 겹겹이 쌓여 층을 이루는 페이스트리 속은 리코타 치즈, 설탕에 절인 과일로 만든 크림 등으로 채워져 있고 조개나 긴 뿔 모양을 하고 있다. 오렌지와 계피 향이 나는 달콤한 리코타 또는 세몰리나 크림으로 퍼프 페이스트리를 채운 디저트인 스폴리아텔라는 17세기 아말피 해안의 콘카 데이 마리니Conca dei Marini에 있는 산타 로자Santa Rosa 수녀원의 한 수녀가 만들었다고 한다. 수녀가 남은 퍼프 페이스트리에 크리미한 리코타 치즈를 채움으로써 나폴리 페이스트리의 걸작인 스폴리아텔라가 탄생했다.

'바바 알 럼Baba al Rhum'은 럼주에서 추출한 누룩을 넣은 반죽에 커스터드 크림이나 휘핑 크림을 채워 만든 것으로, 부드럽고
촉촉한 맛이 균형을 이룬 디저트이다.

'나폴리탄 파스티에라Neapolitan Pastiera'는 나폴
리에서 유래한 전통적인 부활절 케이크이지만,
일년 내내 즐겨 먹는다. 조리된 밀, 리코타 치즈,
달걀, 설탕, 오렌지 껍질이 들어간다. 봄을 기억하기
위해 먹으며 새로운 생명의 탄생과 새로운 삶의 시작을 알린다는 의미
가 담겨있다.

'토르타 카프레제Torta Caprese'는 전통적인 이탈리아 케이크로, 원래 카

토르타 카프레제

프리섬이 원산지이다. 초콜릿과 아몬드로 만드는데, 이 케이크는 밀가루로 만드는 것이 아니므로 글루텐이 없다. 질감은 촉촉하고 밀도가 높으며 초콜릿은 아몬드의 달콤함과 완벽하게 조화를 이룬다.

캄파니아 지역은 오랜 와인 양조 전통과 고품질의 와인 생산, 와인의 다양성에 기여하는 여러 토착 포도 품종으로 유명하다. 그리고 '타우라시Taurasi'와 '글리아니코 넬 타부르노Glianico del Taburno'를 포함해 이탈리아에서 가장 유명한 몇몇 와인의 고향이기도 하다.

'팔레르노Falerno'는 캄파니아의 가장 유명하고 오래된 와인 생산지 중 하나이다. 그 역사는 고대에 뿌리를 두고 있으며 고품질 와인 생산지로서 캄파니아의 명성을 높이는 데 도움을 줬다. 팔레르노의 포도원은 적절한 기후, 미네랄이 풍부한 화산 토양, 적당한 고도를 갖추고 있어 와인이 독특한 특성을 갖게 한다.

캄파니아 포도 수확

폼페이의 고대 로마 와인 저장 용기, 암포라

팔레르노 와인의 특징 중 하나는 다양성이다. 가장 유명한 버전으로는 '팔레르노 델 마시코 비안코Falerno del Massico Bianco', '팔레르노 델 마시코 로소Falerno del Massico Rosso' 및 '팔레르노 델 마시코 로자토Falerno del Massico Rosato'가 있다.

팔레르노에서 전통적으로 생산되는 레드 와인의 경우, 주로 '알리아니코Aglianico', '피에디로소Piedirosso', '프리미티보Primitivo' 포도가 포함되고, 화이트 와인은 '팔랑기나Falanghina', '그레코Greco', '코다 디 볼페Coda di Volpe' 포도로 만들어진다.

레드 팔레르노는 강렬한 루비 색상, 붉은색과 검은색 과일 향부터 매콤한 향까지 다양하고 복합적인 향으로 유명하다. 입에서는 부드러운 타닌이 느껴지며 구조감이 풍부하고 좋다. 반면, 화이트 팔레르노는 밀짚 빛 노란색을 띠고 꽃 향과 과일 향이 나며 기분 좋은 신선함을 선사한다.

팔레르노 와인의 역사는 2000년이 넘었으며 이미 오래전부터 유명했다. 역사 속의 황제, 작가, 건축가, 역사 학자 등 많은 사람으로부터 인정받았다. 팔레르노의 명성은 고대 로마에도 퍼져 귀족들 사이에서 높이 평가됐으며 '호라티우스Horatius[1]', '플리니우스Plinius[2]'와 같은 작가들에 의해 언급됐다. 이 와인에 관해서는 폼페이 유적에서도 찾아볼 수 있다. 폼페이의 숙박집 가격표에는 한 냥을 내면 일반 와인, 두 냥을 내

---

1 호라티우스 영어권에서 'Horace'로 알려진, 로마 공화정 말기의 시인

2 플리니우스 로마 제국의 정치인, 작가

면 고급 와인, 네 냥을 내면 '팔레르눔Falernum' 와인을 마실 수 있다고
석혀 있다. 쌀레르눔은 '쌀레르노 넬 마시코'에서 생산된다.

팔레르노의 역사는 왕국의 경사진 포도원에서 질 좋은 와인을 발견
한 마시코 왕의 전설과 함께한다.

비옥한 땅의 통치자 마시코 왕은 좋은 음식과 와인에 대한 열정으로
유명했다. 어느 날 그의 궁전에서 호화로운 저녁 식사를 하던 중 특별한
와인 한 잔을 받았다. 풍부하고 포근한 맛에 매료된 왕은 그 마법의 포
도원이 있는 곳을 알려 달라고 요청했고, 몬테 마시코의 경사면을 가로
질러 펼쳐져 있는 무성한 포도원에 도착했다. 와인 제조자들은 정중하고
감사한 마음으로 그에게 소중한 포도밭을 보여 주고 독특한 와인의 생
산 과정을 설명했다. 시골의 아름다움과 포도원의 웅장함에 매료된 마
시코 왕은 이 귀중한 포도 재배에 열정을 바치기로 했다. 이로써 팔레르
노 와인은 사치와 즐거움의 상징인 왕의 과즙이 됐다고 한다. 오늘날에
도 팔레르노 와인은 캄파니아의 몬테 마시코 주변 지역에서 생산되고
있으며 마시코 왕의 전설은 이 와인 지역을 고귀하고 웅장하게 만들고
있다.

현재 팔레르노는 DOC에 포함되며 일부 버전은 DOCG에 포함된다.
이러한 지정은 와인의 출처와 품질을 보장하는 동시에 이 특별한 캄파
니아 과즙의 전통과 진정성을 보존하는 데 도움이 된다. 팔레르노는 수
세기에 걸친 역사와 양조학의 우수성을 가진 캄파니아 와인 제조 유산
의 상징이다.

팔레르노 와인을 제외하고라도 캄파니아는 이탈리아에서 가장 독특

베수비오 화산 근처의 포도밭

하고 맛있는 와인의 본고장이다. 이 지역에서 가장 유명한 와인은 아마도 '알리아니코Aglianico'일 것이다. 알리아니코 품종은 견고하고 복잡한 레드 와인을 생산하며 구조가 좋고 놀라운 숙성 능력을 갖추고 있다. 알리아니코 와인은 풀보디감, 검은 과일과 흙 향, 향신료의 풍부한 풍미로 유명하다. 또한 주로 알리아니코 포도로 만들어지며 이탈리아 최고의 레드 와인으로 평가되는 '타우라시Taurasi' 와인은 잘 익은 검은 과일, 향신료, 초콜릿 색조와 함께 향과 풍미가 집중돼 있다.

화이트 와인은 '피아노 디 아벨리노Fiano di Avellino'와 '그레코 디 투포Greco di Tufo'로 유명하다. 이 와인은 시트러스 향과 미네랄 향이 어우러져 상큼하고 상쾌하다.

리몬첼로 등을 파는 소렌토의 리큐어 상점

    캄파니아의 상징적인 포도 품종 중 하나는 세련되고 향긋한 화이트 와인에 생명을 불어넣는 '그레코 디 투포'이다. 이 품종은 노란색 과일, 꽃 향과 더불어 특징적인 미네랄 악센트가 있다. '투포Tufo'라는 이름은 '포도나무가 자라는 화산 토양'을 의미하며 이는 이 와인의 독특한 특성에 기여한다.

    또 다른 포도 품종으로는 신선한 과일 향이 나는 화이트 와인을 만드는 '팔랑기나Falanghina'를 들 수 있다. 생동감 있는 감귤류 및 흰 과육의 과일 향으로 좋은 평을 얻고 있다.

캄파니아는 베수비오 언덕에서 자란 포도로 만든 '라크리마 크리스티Lacryma Christi' 또는 '라크리마 디 크리스토Lacrime di Cristo'로 알려진 스파클링 와인 생산의 오랜 전통을 자랑하기도 한다.

와인 외에 소화제로 사용되는 달콤한 레몬 맛 리큐어인 '리몬첼로Limoncello'도 유명하며 허브와 향신료를 혼합해 만든 밝은 노란색 리큐어인 '스트레가Strega'도 있다.

캄파니아의 와인은 지역의 다양성과 생산자의 열정을 반영하는 다양한 화이트 및 레드 와인과 함께 이탈리아 와인 제조 유산의 귀중한 부분이다.

캄파니아의 음식과 와인은 이 지역의 풍부한 문화, 역사와 자연의 증거이다. 피자 한 조각, 파스타 한 접시, 와인 한 잔을 음미하더라도 캄파니아의 풍미는 분명 기쁨과 만족을 선사할 것이다.

라크리마 크리스티 와인

16
가득한 햇살과
풍경, 역사 도시,
아드리아해와
이오니아해의
풀리아
Puglia

풀리아는 고대 그리스 식민지로 시작하여 로마 제국의 영토가 되었다. 중세에는 다양한 왕국과 군주들의 영향을 받았으며, 특히 이탈리아 남부의 문화 중심지로 번성했다. 풀리아 요리는 특유의 향신료와 신선한 재료를 활용하여 풍부한 맛과 향을 자랑하며, 특히 기름지고 풍부한 토마토 기반의 요리가 특징이다.

이탈리아 남동부에 위치하고 있는 풀리아 Puglia 는 고대까지 거슬러 올라가는 깊은 역사를 지니고 있다. 이곳에는 그리스인, 로마인, 노르만인, 비잔틴인[1] 등이 거주했고 매혹적인 역사를 증언하는 고대 도시, 성당, 성 등 풍부한 문화유산을 보유하고 있다.

풀리아는 해안 풍경, 황금빛 해변, 독특한 트룰리 Trulli[2] 라고 하는 원뿔 모양 지붕이 있는 고대 석조 주택이 연상되는 곳이다. 주요 명소로는 백색 도시 '오스투니 Ostuni', 트룰리 도시 '알베로벨로 Alberobello', 바로크

---

1   비잔틴인 비잔틴 제국, 즉 동로마 제국 사람을 가리킨다. 비잔틴 제국은 4~15세기에 현재의 터키 이스탄불을 중심으로 발칸 반도, 소아시아, 이집트, 시리아 등지에 걸쳐 존속하였다.

2   트룰리 거칠게 가공한 석회암을 쌓아 올려 만든 주거지로, 선사 시대 건축 기술을 사용하였고, 현재에도 주거지로 사용된다.

알베로벨로

도시 '레체[3]^{Lecce}', 바다가 내려다 보이는 절벽 위에 지어진 매력적인 마을 '폴리냐노 아 마레^{Polignano a Mare}' 등이 있다.

오스투니는 흰색 석회로 칠해진 건물이 많아 '하얀 도시'로 알려져 있다. 언덕 꼭대기에 위치하고 있는 호텔에서 주변 시골과 아드리아해의 탁 트인 전망을 볼 수 있다. 오스투니 구시가지의 특징은 좁고 구불구불한 거리, 매력적인 광장, 성당 등이다. 오스투니의 상징은 고딕 양식으로 지어진 장엄한 성당인 '산타마리아 아순타^{Santa Maria Assunta} 대성당'이다.

'알베로벨로'는 돌로 만든 고대 원뿔형 주택인 '트룰리'로 유명하다. 이 독특한 건축물은 1996년 유네스코 세계유산으로 지정됐다. 알베로벨로의 골목길을 걷다 보면 상점, 레스토랑, 주택과 함께 잘 보존된 트룰리를 보는 독특한 경험을 할 수 있다. '몬티^{Monti}' 지역은 특히 트룰리가 밀집된 지역으로 유명하며 이곳은 1,400개가 넘는 트룰리가 있다.

'레체'는 풍부한 예술과 건축의 유산을 지닌 바로크 도시이다. 구시가지는 바로크 양식의 성당, 궁전, 우아한 광장으로 장식돼 있다. '산타 크로체^{Santa Croce} 대성당'은 복잡한 세부 묘사와 정교하게 장식된 조각품을 갖춘 바로크 양식의 걸작이다. 레체의 거리에서는 바로크 예술을 감상하면서 도시의 활기찬 분위기를 느낄 수 있다.

'폴리냐노 아 마레'는 아드리아해가 내려다 보이는 절벽 위에 세워진 그림 같은 해안 마을이다. 수정처럼 맑은 바닷물과 바다 동굴이 이곳을

---

3 바로크 도시 웅장하고 화려한 건축물, 곡선과 곡면의 사용, 장식적인 요소의 풍부함이 특징인 도시

산타 크로체 대성당

폴리냐노 아 마레

매혹적인 장소로 만들어 준다. 이곳 구시가지의 특징은 좁은 거리와 바다가 내려다 보이는 발코니이다. '비도리오 에마누엘레 광장 Piazza Vittorio Emanuele'은 카페와 레스토랑으로 둘러싸인 도시의 중심부이다. 유명한 '그로타 팔라체제 Grotta Palazzese'는 천연 동굴이었지만, 바다의 멋진 전망을 감상할 수 있는 레스토랑으로 바뀌었다.

이들은 풀리아의 독특한 여행지로서 각각 고유한 매력과 특징을 지니고 있어 여행객들에게 잊을 수 없는 경험을 만들어 준다.

풀리아 요리는 담백하며, 신선한 고품질 재료를 사용하는 것으로 유명하다. 대표적인 요리로는 '오레키에테 콘 치메 디 라파 Orecchiette Con Cime di Rapa'를 들 수 있다. 이는 이 지역의 전통적인 요리로, 쓴맛이 나는 일종의 순무 잎을 곁들인 수제 파스타이다. 일반적으로 토마토와 바질, 치메 디 라파 Cime di Rapa 또는 풍부한 고기 라구와 같은 전통적인 이곳 소스와 함께 먹는다. 이 요리는 풀리아 요리의 담백함과 진정성을 보여 준다. 약간 걸쭉한 농도로 오레키에테와 순무 잎의 강렬한 맛이 결합된 이 요리는 풀리아 요리의 고전이다. 보통 마지막 맛을 더하기 위해 페코리노를 뿌려 마무리하는데, 한 입 먹을 때마다 현지의 풍미가 폭발적으로 더해지며 이 지역의 미식 전통을 드러낸다.

오레키에테 파스타의 독특한 모양은 풀리아 여성들이 나무판에 엄지손가락을 대고 반죽을 만들면서 만들어졌다고 한다. 귀를 닮은 모양 때

오레키에테 콘 치메 디 라파

오레키에테 파스타

문에 '작은 귀'를 의미하는 '오레키에테'라는 이름이 붙여졌다.

'포카차 바레제Focaccia Barese'는 풀리아의 바리Bari 시에서 유래한 전통적인 플랫브레드이다. 포카차 바레제 요리법은 중세 시대 비잔틴 정착민에 의해 이 지역에 전해졌다고 한다. 이 맛있는 플랫브레드는 밀가루, 물, 이스트, 소금, 올리브유 등 간단한 재료로 만들어지지만, 그 맛의 비결은 느린 발효 과정과 현지 올리브유의 좋은 품질에 있다. 포카차 바레제는 보통 방울토마토, 올리브, 오레가노를 얹고 바다 소금을 뿌려 황금색으로 구워 낸다. 주로 허브, 올리브, 소금 등의 재료가 들어가며 양

---

4 플랫브레드 밀가루, 소금, 물을 기본 재료로 하여 만든 납작한 빵

포카차 바레제

부라타 치즈

파, 치즈, 고기 등의 재료로 토핑하기도 한다. 포카차는 피자보다 이스트가 많이 들어가고 토핑이 단순하다.

풀리아 지역의 아름다운 마을인 '폴리냐노 아 마레'는 아드리아해의 깊은 맛을 느낄 수 있는 곳이다. 농어, 멸치, 오징어를 포함한 아드리아해의 해물은 보통 현지의 메인 요리가 된다. 구운 생선, 해산물 파스타, 해산물 리소토가 인기 메뉴이다. 이 요리에는 홍합을 토마토, 마늘, 고추, 파슬리와 함께 조리해 매콤하면서도 만족스러운 맛을 선사하기도 한다.

'루스티코 레체제 Rustico leccese'는 레체의 전통 애피타이저로, 모차렐라, 토마토, 베샤멜, 후추로 속을 채운 일종의 칼초네[5] Calzone 이다. 겉은

5 칼초네 밀가루 반죽 사이에 고기, 치즈, 야채 등을 넣고 만두처럼 만들어 오븐에 구운 이탈리아 요리

바삭하고 속은 부드럽다.

풀리아는 우유로 만든 신선한 치즈인 '부라타Burrata'를 비롯해 크림 같은 질감이 특징인 다양한 치즈를 생산한다.

'부라타'는 모차렐라와 크림으로 만든 치즈로, 이탈리아어로 '바르다'라는 의미를 지니고 있다. 부라타는 풀리아의 안드리아Andria 지역에서 유래했다. 부라타는 치즈 제조 과정에서 남은 모차렐라 조각을 치즈 제조업자들이 활용하기 위해 만들어졌다. 이들은 모차렐라 파우치에 생크림을 채워 아름답고 맛있는 치즈를 만들어 냈다. '풀리안 부라타Pulian burrata'는 부드러움과 섬세한 맛으로 전 세계적으로 유명하며 종종 전채

파스티초토 레체제

요리로 신선한 토마토와 바질을 곁들여 먹는다.

'리코타Riccotta'는 달콤한 리코타 크림을 채운 '파스티초토Pasticciotto'와 같은 전통적인 디저트에 자주 사용되며, 치즈를 만들고 남은 유청으로 만든 유청 치즈이다.

'파스티초토 레체제Pasticciotto Leccese'는 레체의 상징적인 디저트이다. 바삭바삭한 쇼트크러스드 페이스트리 껍질과 달콤한 커스터드 크림이 들어 있는 작은 케이크이다. 레체의 많은 제과점에서는 다양한 종류의 파스티초토를 판매하며 그중 일부에는 초콜릿이나 아몬드 속이 들어 있다.

풀리아는 이탈리아에서 매우 중요한 와인 지역 중 하나이기도 하다. 풀리아 와인은 지역 테루아의 풍부함을 대표하는 품질과 진정성으로 높이 평가된다. 와인 생산은 전통적으로 내려온 것으로, 강력하고 풍부한 레드 와인 품종인 '프리미티보Primitivo'가 유명하다. '프리미티보 디 만두리아Primitivo di Manduria'는 강력하고 풀보디한 레드 와인이며 주로 '살렌토Salento'의 만두리아 지역에서 생산된다.

프리미티보 디 만두리아 와인

마법의 올리브 나무가 밤마다 프리미티보 포도원에 꿀을 떨어뜨린다는 전설이 있을 만큼 프리미티보 와인은 검은 과일과 향신료 향과 함께 풍부하고 강렬한 맛을 가진다. 이 와인을 맛보는 사람은 누구나 대지와 올리브 나무, 풀리아의 독특한 와인 제조 전통 사이의 특별한 유대감을 즐

알베로벨로의 트룰리 와인 상점

길 수 있다.

풀리아에서 흔히 볼 수 있는 또 다른 포도 품종은 풍부하고 풀보디한 풍미가 특징인 레드 와인을 생산하는 '네그로아마로Negroamaro'이다. 이 와인은 자두, 체리와 같은 검은 과일 향과 약간 매콤한 뒷맛이 특징이다.

레드 와인은 '살리체 살렌티노Salice Salentino' 지역에서 생산되며 '네그로아마로'와 '말바지아 네라Malvasia Nera' 포도를 혼합한다. 붉은 과일 향과 향신료 향이 어우러진 복잡한 맛이 나며 고기 요리와 풀리아 치즈를 곁들여 먹으면 잘 어울린다.

풀리아 포도밭

'비앙코 달레사노^{Bianco d'Alessano}'는 같은 이름의 포도 품종에서 얻은 이 화이트 와인으로, 신선하고 향긋하며 감귤류와 흰 꽃의 향이 가미돼 있다.

로제 와인 '로자토 디 살렌토^{Rosato di Salento}'는 생생한 색상과 과일 맛이 특징이다.

어느 곳이든 현지 와인과 음식을 맛보는 것은 그 지역의 문화에 흠뻑 빠져드는 훌륭한 방법이다. 풀리아는 역사, 문화, 음식, 자연의 아름다움이 독특하게 결합된 매혹적인 지역이며 전통적이고 진정한 맛으로 우리의 감각을 즐겁게 해 줄 것이다.

17
극적인 풍경,
고대 동굴 거주지,
깊은 역사
바질리카타

Basilicata

바질리카타는 고대 로마의 중요한 도시였다. 로마 제국 시대에는 군사적 중요성을 갖췄으며, 중세 시대에는 성장하면서 도시 문화가 번성했다. 바질리카타 요리는 지중해의 신선한 재료를 활용하여 특유의 간단하면서도 풍부한 맛을 자랑한다.

'루카니아[1]Lucania'라고도 알려진 바질리카타Basilicata는 이탈리아 남부에 위치하고 있는 지역으로, 남쪽으로는 칼라브리아Calabria, 북쪽으로는 캄파니아Campania와 접해 있다. 이 지역은 유구한 역사와 문화를 지니고 있으며 멋진 풍경과 독특한 요리, 인상적인 역사적 명소로 유명하다.

바질리카타의 역사는 이곳에 사람이 살기 시작한 구석기 시대까지 거슬러 올라간다. 이곳은 수 세기에 걸쳐 그리스, 로마, 노르만족 등 다양한 세력에 의해 정복됐으며 문화와 예술, 건축 등에 그 흔적이 남아 있다.

오늘날 바질리카타를 방문하는 여행객들은 유네스코 세계유산으로 지정된 고대 도시 '마테라Matera'를 포함한 많은 역사적인 랜드마크를

---

1 루카니아 바질리카타의 옛 명칭

마테라

사시에서 본 마테라

둘러볼 수 있다. 마테라는 구석기 시대부터 사람이 살았던 것으로 여겨
지는 '사시Sassi'라고 알려진 독특한 동굴 거주지로 유명하다. 이 동굴
거주지와 많은 박물관과 문화 센터를 통해 지역의 역사에 대해 배울 수
있다.

바질리카타는 자연의 아름다움으로도 유명하다. 이곳에는 '폴리노
Pollino 국립공원'과 '아펜니노 루카노Appennino Lucano 국립공원'이 있으며
두 곳 모두에서 이탈리아에서 가장 아름다운 자연 경관을 경험할 수 있
다. 또한 모래사장과 맑은 바닷물이 특징인 해안선도 아름답다.

바질리카타는 담백하고 신선한 재료를 사용해 풍성한 맛을 내는 요

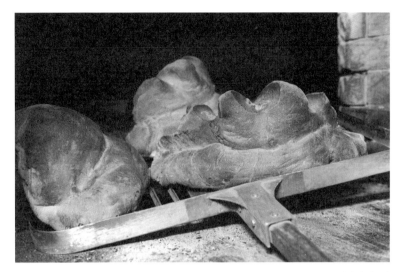

파네 디 마테라

리로 유명하다. 풀리아에서도 유명한 순무 잎을 곁들인 '오레키에테 Orecchiette' 같은 파스타와 로즈마리와 마늘을 곁들인 양고기 구이 등의 고기 요리로 널리 알려져 있다.

유명한 전통 요리는 '파스타 콘 이 페페로니 크루시 Pasta con i Peperoni Cruschi'로, 마른 고추를 얹어 바삭해질 때까지 튀긴 파스타이다. 이 요리는 현지 재료 사용과 지역 요리의 창의성을 보여 주는 전형적인 예이다.

또 다른 전통 요리로는 나무 화덕에서 굽는 소박한 빵의 일종인 '파네 디 마테라 Pane di Matera'가 있다. 이 빵은 바삭한 크러스트와 부드러운 크림으로 유명하며 다양한 요리의 베이스로 사용된다.

루카니카

'루카니카Lucanica'는 바질리카타의 전형적인 소시지로, 다진 돼지고기를 채워 현지 향신료로 맛을 낸다. 이 소시지는 보통 구워서 간단한 것을 곁들여 먹는다.

'브라촐라 알 페페네로Braciola al Pepenero'도 인기 있는 요리이다. 후추와 현지 허브로 맛을 낸 절인 돼지 고기 조각인데, 허브 때문에 고기가 부드럽고 향긋하다.

말린 잠두콩과 향기로운 허브로 맛을 낸 걸쭉한 수프인 '파바 코토라Fava Cottora'와 같은 콩류 요리도 유명하다.

바질리카타의 상징적인 요리인 '파스타 알라 포텐티나Pasta alla Potentina'는 목동들의 소박한 식사에서 유래했다고 한다.

---

2 잠두콩 '누에콩'이라고도 한다. 파바 빈(Faba bean), 브로드 빈(Broad bean), 볼스 빈(Borse bean) 등 여러 이름으로 불린다. 크고 납작한 모양이며 전 세계에서 널리 재배된다.

목동들은 이곳의 울퉁불퉁하고 산이 많은 환경과 신선한 재료에 대한 접근이 제한된 상황에서 양떼를 돌보면서 오랜 시간을 보냈다. 어느 날 목동들은 모닥불 주위에 모여 파스타, 마늘, 고추, 페코리노 치즈 등 각자 손에 쥐고 있던 몇 가지 재료를 모아 풍성하고 맛있는 파스타 요리를 만들었다. 파스타는 알 덴테[3]al dente로 익힌 후 올리브유와 고추로 볶은 마늘로 만든 소스를 버무려 매콤한 맛을 너했으며 페코리노 치즈를 듬뿍 뿌려 고소한 맛을 더했다. 파스타 알라 포텐티나의 맛있는 냄새가 퍼지자 주변의 다른 목동들도 맛있는 요리를 맛보고 싶어 모닥불 곁으로 왔

---

3 알 덴테 '이빨로'라는 뜻이며, 씹었을 때 단단함이 느껴질 정도로 덜 익은 상태를 의미한다. 파스타는 가운데 부분이 얇은 심처럼 덜 익은 상태이다.

페코리노 디 필리아노 치즈

다. 소박하지만 만족스러운 요리에 대한 소문이 마을에 퍼졌고 곧 바질리카타 전역에서 사랑받게 됐다.

파스타 알라 포텐티나는 가장 맛있는 식사가 가장 단순한 재료와 예상치 못한 상황에서 탄생할 수 있다는 점을 상기시켜 준다.

리코타 디 카프라 치즈

이곳의 치즈는 전통적이고 독특한 맛을 지니고 있고 많은 현지 요리에 사용된다. 바질리카타의 치즈는 달콤한 향기와 부드러운 식감, 풍부한 맛을 가진 이탈리아의 대표적인 치즈 중 하나이다. 특별한 모습과 풍미로 이탈리아 요리의 정수를 표현하는 치즈이다.

'페코리노 디 필리아노Pecorino di Filiano DOP'는 바질리카타의 필리아노 지역에서 생산되는 단단한 치즈이다. 강하고 향긋한 풍미가 있으며 숙성 기간에 따라 식감이 달라진다.

'카네스트라토 디 몰리테르노Canestrato di Moliterno DOP'는 바질리카타의 몰리테르노 지역에서 생산되는 단단한 치즈이다. 보통 바구니 안에서 숙성시킨다.

'리코타 디 카프라Ricotta di Capra'는 염소유로 만드는데, 치즈를 만들 때 젖을 거르고 남은 액체로 만든 신선한 치즈이다. '리코타'는 '재생', '다시 요리한다'는 의미를 가지고 있으며 일반적으로 치즈 만드는 과정에서 남은 우유를 재활용해서 만든다. 크리미한 농도와 섬세한 맛이 있어 달콤하고 풍미 있는 요리에 자주 사용된다.

'카초리코타 루카노Cacioricotta Lucano'는 신선하거나 반 정도 숙성된 치즈로, 종종 갈아서 파스타의 조미료로 사용한다.

이 밖에도 강하고 향긋한 풍미가 있는 숙성된 페코리노 치즈인 '코리노 디 필리아노Pecorino di Filiano'를 비롯한 다양한 치즈를 생산한다.

전통 과자 중 호두, 아몬드, 잼, 계피 등의 재료를 섞어 만든 일종의 케이크인 '피타 엔키우자Pitta Nchiusa'가 있다. 이 디저트는 휴일에 자주 먹는다.

노스타촐리

'스트라차테Strazzate'는 아몬드, 설탕, 달걀, 레몬 향으로 만든 작은 비스킷으로, 아이싱으로 덮여 있다. 초콜릿 아몬드 쿠키와 비슷하다.

'모스타촐리Mostaccioli'는 꿀, 초콜릿, 견과류, 향신료가 들어간 페이스트로 만든 직사각형 또는 원통 모양의 비스킷이다. 구운 후 초콜릿 아이싱으로 감싸기도 한다.

카르텔라테

'카르텔라테Cartellate'는 밀가루, 레드 와인, 기름, 설탕으로 만든 페이스트를 얇은 장미 모양으로 튀긴 디저트이다. 튀긴 후 보통 꿀이나 달콤한 과일 시럽인 빈 코토Vin Cotto에 담근다.

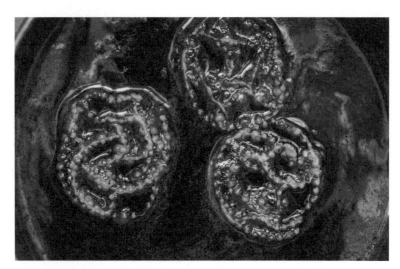

시럽에 담근 카르텔라테

'타파렐레 Tapparelle'는 밀가루, 화이트 와인, 설탕, 잘게 썬 아몬드를 넣어 만든 일종의 비스킷이다. 모양은 길쭉하고 명절에 자주 먹는다.

바질리카타는 현지에서 재배한 토종 포도로 만든 와인으로도 유명하다. 이곳은 이탈리아 최고의 적포도 중 하나로 꼽히는 '알리아니코 Aglianico' 포도로 만든 풀보디 레드 와인 '알리아니코 델 불투레 Aglianico del Vulture'의 고향이기도 하다. 이 와인은 검은 과일, 가죽, 담배 향 등 복합적인 풍미를 지니고 있다.

감동적인 풍경과 전통의 땅 바질리카타에는 알리아니코 와인과 관련된 용감한 기사의 전설이 있다.

수 세기 전 전쟁과 충돌이 잦은 시기에 충성심과 전쟁에서 잘 싸우기로 유명한 바질리카타의 젊은 기사 프란체스코는 알리아니코 포도가 자라는 포도원을 갖고 있었고, 이곳에서 만들어진 와인은 모두에게 좋은 평가를 받았다. 전쟁 중 바질리카타가 침략자의 위협을 받자 그는 대담하게 와인을 침략자들에게 주기로 결정했다. 그는 말이 끄는 수레에 와인 통을 싣고 적진이 있는 언덕 아래로 굴렸다. 와인의 특별한 맛이 마음을 부드럽게 해 평화로운 휴전으로 이어지길 바라는 것이었다. 침략자들은 알리아니코 와인 맛에 깊은 인상을 받아 더 이상 싸우지 않고 퇴각하기로 결정했고 프란체스코의 알리아니코 와인은 바질리카타 땅의 평화와 번영의 상징이 됐다고 한다.

'알리아니코 델 불투레'는 화산 토양에서 자란 포도에서 오는 독특한 미네랄리티와 구조가 특징이다. 이 와인은 강한 타닌과 높은 산도, 체리, 초콜릿, 향신료 향을 갖고 있다. 오래 수성할수록 풍미가 좋으며 숙

고대에 지어진 와인 생산을 위한 건물들

성 후에도 맛이 좋다. '알리아니코 델 불투레 수페리오레Aglianico del Vulture Superiore DOCG'는 더 엄격한 생산 규정과 더 긴 숙성을 필요로 하는 와인으로 최소 3년 이상 숙성하고, 최소 1년은 오크 통에서 숙성한다.

이곳에서는 알리아니코 포도로 만든 '로자토 디 리오네로Rosato di Rionero'와 같은 로제 와인도 생산한다. 이 로제 와인은 신선함과 생동감으로 높이 평가된다.

이곳의 또 다른 토종 포도나무는 신선하고 향긋한 화이트 와인을 만드는 '그레코 비앙코Greco Bianco'이다. 흰색 과일, 감귤류 및 꽃 향을 지니고 있으며 지역 고유의 테루아를 반영한다.

바질리카타의 와인 생산은 전통적인 장인 정신과 함께 현지 와인의 진정성과 특성을 보존할 수 있다는 점을 강조한다. 바질리카타 와인은 뛰어난 특성과 복합성을 지닌 레드 와인으로, 지역의 독특한 생태적 유산을 나타낸다. 와인 애호가이거나 이탈리아의 잘 알려지지 않은 와인의 분위기를 알고 싶다면 바질리카타의 와인은 확실히 경험해 볼 가치가 있다.

바질리카타는 종종 소화제로 사용되는 쓴맛의 허브 리큐어인 '아마로 루카노Amaro Lucano'와 같은 리큐어로도 유명하다. 또 다른 리큐어로는 야생 허브와 꿀로 만든 달콤한 '사사노Sassano'가 있다.

바질리카타의 음식과 와인은 이 지역의 독특한 문화와 자연 유산을 완벽하게 대변한다. 말린 고추와 페코리노 치즈의 향기를 맡으면서 한 잔의 델 불투레를 마시면 바실리카의 요리와 자연의 아름다움을 느낄 수 있을 것이다.

바질리카타는 여행자들에게 역사, 문화, 자연미의 독특한 조화를 제공하는 지역이다. 아름다운 풍경, 풍부한 역사, 독특한 요리, 세계적으로 유명한 와인이 있는 바질리카타는 간과해서는 안 되는 여행지이다.

아마로 루카노

18
자연, 역사, 문화의 풍요로움과 햇살 가득한 지중해의 칼라브리아
Calabria

칼라브리아는 고대부터 다양한 문화와 역사의 영향을 받았다. 그리스, 로마, 비잔티움 등 다양한 문화가 번성했으며, 중세에는 다양한 왕국과 군주들의 영향을 받았다. 칼라브리아 요리는 풍부한 맛과 향신료를 특징으로 하며, 특히 피자, 파스타, 자연산 해산물이 널리 알려져 있다.

칼라브리아는 이탈리아 남부에 위치하고 있는 지역으로 역사와 문화, 태양과 해변의 아름다운 풍경, 맛있는 음식과 와인으로 유명하다. 이곳의 역사는 매우 오래전부터 시작됐다. 고대 그리스 신화에서도 등장하는 이 지역은 그리스, 로마, 비잔틴 제국의 영향을 받아 왔다. 중세 시대에는 노르만인과 스페인의 침공을 받았으며, 아라곤 왕국[1]과 나폴리 왕국의 지배를 거쳐 현재 이탈리아 공화국에 속하게 됐다.

오랜 역사의 칼라브리아에는 수많은 유적지가 있으며 박물관은 많은 유물을 잘 보존하고 있다. 칼라브리아 문화, 경제의 중심지 '레조 칼라브리아Reggio Calabria'의 국립 박물관에서는 이곳의 역사와 문화를 살펴볼 수 있다.

---

1 아라곤 왕국 피렌체 산맥 중부 아라곤 지방과 카탈루냐, 발렌시아에 걸쳐 존재했던 국가

레조 칼라브리아

트로페아 해안

남부

이곳은 아름다운 해안선과 산악 지형으로 구성돼 있다. 이 지역에서 가장 인기 있는 곳 중 하나는 '트로페아Tropea'이다. 트로페아는 아름다운 해변과 탁 트인 전망으로 유명하며 국립공원으로 지정돼 있다. 그리고 '스칼레아Scalea', '카탄차로Catanzaro' 등의 아름다운 해변과 산악 지형을 만나 볼 수 있다.

칼라브리아는 이탈리아 전역에서도 음식과 와인으로 유명한 곳이다. 음식은 신선한 해산물과 고기를 사용해 만들어지며 채소와 과일도 풍부하다. 칼라브리아의 요리는 싱싱한 현지 재료를 최대한 활용해 정성스럽게 만들어 높이 평가된다. 강렬한 풍미, 매콤함, 창의적인 재료 사용이 이 지역 요리의 특징이다.

'치폴라 로사 디 트로페아Cipolla Rossa di Tropea'는 붉은 양파로, 많은 칼라브리아 요리법의 핵심 성분이다. 그 단맛은 샐러드, 소스, 고기 요리에 잘 어울린다. 이는 이 지역에서 2,000년 넘게 재배됐고 페니키아인에 의해 전해졌다.

또한 지역의 특산품인 '페페론치노 칼라브레제Peperoncino Calabrese'는 지역 음식의 매운맛을 유지하는 데 매우 중요한 역할을 한다. 이 고추는 맛이 매우 강한 것으로 알려져 있다. 이 밖에도 고추, 살구, 레몬 등 다양한 식재료를 사용한 요리들이 있다.

가장 인기 있는 음식 중 하나는 '엔두야Nduja'이다. 엔두야는 향신료와 살코기를 혼합해 만든 매콤하고 맛있는 유명한 이 지역의 소시지이다. 돼지고기, 고추, 향신료를 넣어 만든 매우 매콤한 살라미인데, 보통 토스트에 바르거나 소스와 요리의 맛을 내는 재료로 사용된다. 이 음식은

페페론치노 칼라브레제

엔두야

완벽한 조합을 만들었고 이 조합을 맛보는 모든 사람의 입을 즐겁게 했다. 엔두야는 칼라브리아의 관대함과 환대의 상징으로 여겨지며 이 전설은 기쁨과 유쾌함을 음식과 와인으로 나누는 전통을 통해 계속 이어지고 있다.

풍부한 맛과 영양을 즐길 수 있는 신선한 해산물과 고기를 이용한 요리는 칼라브리아 요리의 핵심이다.

'코시아 디 아넬로 알 포르노Coscia di Agnello al Forno'는 구운 양고기 요리이다. 구운 양고기 다리는 전통적인 칼라브리아 요리로, 종종 마늘, 로즈마리, 올리브유로 요리한다. 고기는 부드러워지고 풍미가 느껴질 때까지 천천히 조리된다.

'페세 스파다 알라 기오타Pesce Spada alla Ghiotta'는 황새치, 토마토, 양파, 케이퍼, 올리브, 고추로 조리돼 풍부하고 맛있는 요리를 만든다. 황새치는 칼라브리아 요리의 주요 재료이다.

'바칼라 알라 바치나라Baccalà alla Vaccinara'는 건어를 기본으로 토마토, 양파, 고추, 허브를 넣어 준비한 요리이다. 감자나 야채 등의 반찬과 함께 제공되는 경우가 많다.

'소프레사타Soppressata'는 다진 돼지고기, 흑후추, 고추로 만든 절인 살라미이다. 강렬한 맛과 고소한 질감을 얻기 위해 건조, 경화시킨다.

칼라브리아의 파스타는 풍부한 다양성과 맛으로 많은 이들의 입맛을 사로잡는다.

'링귀네 콘 레 노치 디 스틸리아노Linguine con le Noci di Stigliano'는 호두를 곁들인 링귀네로, 호두, 마늘, 고추, 파슬리를 기본으로 한 소스로 양념

한 파스타이다. 간단한 요리이
지만 맛이 풍부하다.

소프레사타

'필레야 콘 엔두야 에 리코타
Fileja con Nduja e Ricotta'는 이곳의 전형적

인 파스타 유형으로, 보통 엔두야와 신선

한 리코타 소스를 이용한다. 톡 쏘는 맛과 크림의 조

합이 맛있는 요리를 만든다.

'필레야Fileja'는 독특한 모양의 칼라브리아식 파스타로 유명하다. 이
파스타는 밀가루와 물만을 사용해 손으로 만드는 수제 파스타로, 주로
양파, 토마토, 산양 고기 등을 사용한 레드 소스와 함께 먹는다. 일반적
인 이탈리아식 파스타와는 다른 형태인 칼라브리아의 전형적인 파스타

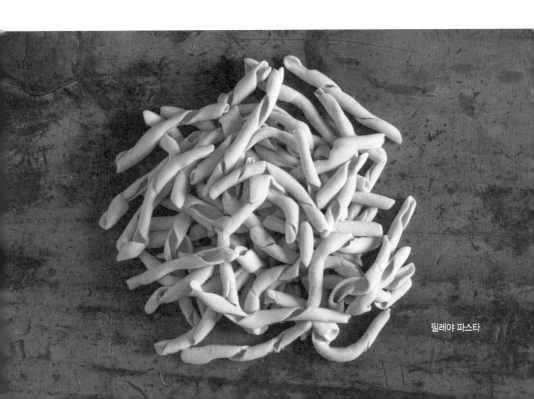

필레야 파스타

유형이다.

이곳의 치즈와 디저트는 다음과 같다.

이곳 사람들이 주로 많이 먹는 치즈는 '페코리노 칼라브레제Pecorino Calabrese'로, 양유로 만든 단단한 치즈이다. 강하고 매운맛이 나며 숙성 기간에 따라 맛이 달라질 수 있다.

'카초카발로 실라노Caciocavallo Silano DOP'는 주로 칼라브리아에서 생산된 것에 한정되지만, 카초카발로 실라노 치즈는 인근 바실리카에서도 일반적이다. 숙성된 스트링 치즈로, 보통 숙성시키기 위해 방치하곤 한다.

'칼라브리안 카초카발로Calabrian Caciocavallo'는 숙성 기간에 따라 맛이 달라질 수 있는 늘어진 연성 치즈이다. 신선하게 먹거나 양념해 먹을 수 있으며 종종 구워서 애피타이저로 먹는다.

'카프리노 델 폴리노Caprino del Pollino'는 폴리노 국립공원의 산악 지역에서 생산되며 꽃무늬 껍질이 있는 부드러운 염소유 치즈이다. 살짝 매콤한 맛과 강렬한 향이 특징이다.

'프로볼라 실라나Provola Silana'는 이곳의 산악 지역인 '실라Sila'의 전형적인 스트링 치즈이다. 탄력 있는 농도와 섬세한 맛을 지니고 있어 많은 지역 요리에 자주 사용된다.

'피타 임피글리아타Pitta Mpigliata'는 전통적인 칼라브리아 디저트이다. 호두, 아몬드, 말린 무화과, 꿀, 초콜릿으로 만든다. 혼합물을 얇은 페이스트리로 싸서 건조시켜 바삭바삭한 외부 층을 만든다. 이 디저트는 이곳의 전통 디저트이며 칼라브리아 방언으로 '채워진'이라는 의미를 지

상귀나초 돌체

니고 있다.

'모스타촐리^{Mostaccioli}'는 초콜릿으로 코팅된 비스킷으로, 종종 계피, 정향과 같은 향신료로 맛을 낸다.

'상귀나초 돌체^{Sanguinaccio Dolce}'는 초콜릿, 설탕, 코코아, 우유, 잣, 건포도, 돼지 피로 만든 이탈리아 푸딩이다.

마지막으로 이 지역은 훌륭한 와인 생산지로도 유명하다. 이곳에서 생산되는 와인은 이탈리아 와인 중에서도 매우 유명하다. 지역의 기후와 지형 조건 때문에 강렬하고 풍부한 맛을 지니고 있다. 주로 레드 와인이 생산되며 지역 특유의 토양과 기후로 인해 특별한 향과 맛을 지니고 있다. 특히 '그레코 디 비앙코^{Greco di Bianco}'와 '치로^{Cirò} DOC'라는 두 가지 와인이 유명하다. 치로 와인은 전통적인 와인으로 고대 그리스에

서부터 생산됐으며 이탈리아에서 오래된 와인 중 하나이다.

이곳에서 생산되는 또 다른 와인으로는 '코스타 델 세로^{Costa del Serro}',

'도크^{Doc}' 등이 있다.

'코스타 델 세로'는 라임과 구아바 등의 과일 향이 특징이며 매우 부드러운 타닌과 과일 맛이 조화를 이룬다. 또한 보디감이 뛰어나기 때문에 '살시차^{Salsiccia}'와 같은 육류 요리와 잘 어울리기도 한다.

'도크'는 지역 내에서 생산되는 와인 중에서 가장 인기 있는 와인으로, 레드 와인과 화이트 와인이 있다. 레드 와인은 감귤류, 자두, 딸기 등의 향이 특징이며 칼라브리아 지역의 음식과 함께 즐길 수 있는 와인

트로페아의 와인 상점

이다. 이 밖에도 '스칼루네라Scalunera', '그리코Grico'와 같은 와인도 생산된다. '스칼루네라'는 이곳에서 즐겨 먹는 와인 중 하나이고 '그리코'는 화이트 와인으로, 산미²가 높고 상쾌한 맛을 지니고 있다.

칼라브리아의 음식과 와인은 그 지역의 주변 환경에서 얻을 수 있는 좋은 재료를 사용해 만든다. 강렬한 풍미와 더불어 최고의 맛을 자랑한다.

---

2 산미 신맛이 강하고 생생함을 나타낸다.

19
고대 역사,
아름다운 풍경,
활기 넘치는 문화
시칠리아
Sicilia

시칠리아는 이탈리아의 가장 큰 섬으로, 지중해의 중심에 위치하며 고대부터 다양한 문화와 역사의 영향을 받았다. 고대 그리스 식민지로 시작하여 로마 제국의 영토가 되었으며, 중세에는 다양한 왕국과 군주들의 통치를 받았다. 시칠리아 요리는 지중해의 풍부한 재료를 활용하여 다양한 맛과 향을 자랑하며, 특히 피자, 파스타, 카포나타 등이 유명하다.

지중해에서 가장 큰 섬인 시칠리아Sicilia는 이탈리아 남부에 위치하고 있으며 본토와의 사이에 메시나 해협을 두고 있다. 시칠리아는 세계에서 45번째, 유럽에서 7번째로 큰 섬이며 지중해 중심부에 자리하고 있다. 고대 그리스, 로마, 노르만, 아라비아 등 다양한 문화가 교차하며 발전한 이곳은 풍부한 역사와 문화유산, 아름다운 해안과 자연 경관, 그리고 특색 있는 먹거리와 와인으로 유명하다.

시칠리아는 고대 그리스의 문화 중심지였으며 다양한 문화가 이 지역에 영향을 미쳤던 역사적 배경으로 인해 그리스, 로마, 바로크 등 다양한 스타일의 건축물과 문화유산이 발견된다. 이곳에는 다양한 역사가 담긴 '팔레르모Palermo 대성당', '노르만 궁전Palazzo dei Normanni' 등이 있다.

섬 전역에는 숨어 있는 작은 해변과 반짝이는 바다 그리고 작은 마을

팔레르모

과 도시들이 산을 따라 펼쳐져 있다. 아름다운 해안선을 자랑하는 '팔레르모Palermo'는 시칠리아의 주도이자 최대 도시이다. 수 세기에 걸쳐 다양한 문화의 영향을 받았다. 이곳의 여러 시장 중 '발라로Ballaro', '부치리아Vucciria', '카포Capo'는 국제적으로 유명하다. 신선한 식재료부터 기념품까지 다양한 물건이 있다. 시칠리아 동쪽 해안에 위치하고 있는 '카타니아Catania'는 시칠리아 섬에서 두 번째로 큰 도시로, 농산물 가공의 중심지이다. 가다니아 인근의 에트나Etna 화산은 유럽에서 가장 높은 화

노르만 궁전 내부

팔레르모 시장

산으로 유명하며 아름다운 경관을 감상할 수 있는 인기 있는 관광지이다. 고대 그리스의 주요 도시였던 '시라쿠사Siyracuse' 등의 도시에서는 아름다운 공원과 정원, 역사적인 건축물을 볼 수 있다.

시칠리아의 먹거리는 이 지역을 여행하는 이들에게 특별한 경험을 선사한다. 이곳은 자연에서 재배되는 식물과 고유의 조리법으로 만들어진 요리가 많고, 지중해의 다양한 식재료와 문화적인 영향이 결합하여 다른 이탈리아 지역의 음식과는 또 다른 특별한 맛과 향을 자랑한다.

먼저 시칠리아 지역에서 유명한 음식 중 하나는 '아란치니Arancini'이다. 아란치니는 10세기부터 만들어 먹던 이탈리아의 전통적인 안티파

아란치니

스토 요리이다. 주로 쌀로 만들고 다양한 채소, 고기, 치즈 등을 올려서 먹는다. 둥글게 뭉쳐서 굽거나 튀긴 모양이며 간단하고 맛있어서 인기가 매우 높다.

'카르파초 디 페셰Carpaccio di Pesce'는 연어, 참치, 농어 등 생선을 얇게 썰어 레몬즙, 올리브유, 소금, 후추로 절인 후 신선한 샐러드나 크루통과 함께 먹는 가볍고 세련된 요리이다.

생선 튀김인 '푸리투라 디 파란차Frittura di Paranza'는 다양한 작은 생선과 해산물을 반죽에 넣고 바삭하게 튀긴 요리이다. 오징어, 새우, 붉은 숭어, 새우 및 기타 해산물이 포함돼 있으며 보통 레몬을 뿌려서 먹는다.

카르파초 디 페셰

다른 유명한 요리로는 '스카차타 카타네제Scacciata Catanese', '카포나타 Caponata', '부카티니 콘 레 사르데Bucatini Con le Sarde', '리소토Risotto', '폴페테 알라 폴리아 디 리모나Polpette alla Foglia di Limona' 등이 있다.

'스카차타 카타네제'는 맛있는 시칠리아의 치즈 파이이다. 두 장의 페이스트리 사이에 콜리플라워, 올리브, 프로볼로네 치즈를 섞어 껍질이 황금색이 되고 치즈가 녹을 때까지 굽는다. 카타니아Catania 지역의 전통적인 크리스마스 요리이다.

'카포나타'는 잘라서 튀긴 가지와 셀러리, 케이퍼 등을 함께 조리하여 만드는데, 여기에 당근, 풋고추, 올리브, 감자, 랍스터, 청어, 아스파라거스, 새우 등을 첨가해서 여러 종류의 카포나타로 만들 수 있다.

푸리투라 디 파란차

시칠리아는 파스타의 고향이라고도 한다. 많은 파스타 중에서 '부카티니 콘 레 사르데'는 신선한 정어리와 허브, 사프란, 건포도, 잣, 소금에 절인 엔초비 등이 들어가며, 아랍 요리의 영향을 받은 파스타이다. 우리가 많이 알고 있는 '리소토'라는 음식도 밀라노에서 기원한 것이 아니라 시칠리아에 들어온 아랍인들이 만들어 먹었던 쌀 요리이다.

그리스인들이 포도 잎에 싸서 조리하던 방법을 레몬 잎으로 대신해 응용한 음식이 있는데, 그것은 바로 '폴페테 알라 폴리아 디 리모나'이다. 미트볼, 주꾸미, 해산물 등을 레몬 잎에 싸서 조리하는 음식이다.

미식 전통이 풍부한 섬인 시칠리아는 풍요로움을 반영하는 고품질 치즈 생산으로 유명하다.

'페코리노 시칠리아노Pecorino Siciliano DOP'는 양유로 만드는 단단한 치즈이다. 숙성 기간에 따라 질감이 촘촘해지고 강렬한 풍미가 생긴다. 다양한 요리의 조미료로 갈아서 사용하는 경우가 많다.

'라구자노Ragusano DOP'는 이탈리아의 고유한 치즈로, 고대부터 전통적으로 시칠리아에서 생산됐다. 현재 시칠리아 라구사 지역에서 생산

프로볼라 데이 네브로디 치즈

되며 지역의 특정한 기후와 토양 조건이 이 치즈의 고유한 맛과 특징을 형성한다. 단단한 치즈로 숙성되기 전에 먹지만, 장기간 숙성할 수도 있다. 풍부한 맛과 단단한 질감이 특징이다.

'바스테다 델라 발레 델 벨리체Vastedda della Valle del Belice DOP'는 양유로 만든 신선한 치즈이다. 원통형 모양과 부드러운 질감을 지니고 있다. 신선하게

카네스트라토 치즈

섭취하거나 양념해 먹을 수 있다. 섬세
한 신맛을 가진다.

　'프로볼라 데이 네브로디^{Provola dei}
Nebrodi'는 네브로디^{Nebrodi} 산맥 지역에서
생산되는 늘어지는 연한 치즈이다. 둥근
모양과 일관성 있는 탄력을 지니고 있

으며 호두나무와 밤나무로 훈연 가공해 맛은 달고 살짝 스모키한 향이
난다.

　'카네스트라토^{Canestrato}'는 시칠리아의 여러 지역에서 생산되는 단단
한 치즈이다. 이름은 전통적인 바구니 모양에서 유래됐다. 강하고 향긋
한 맛이 있으며 맛을 내기 위해 양념을 하기도 한다. '투마^{Tuma}'와 '리에

라구자노 DOP 치즈

지Riesi' 두 버전이 있는데, 투마는 신선한 치즈로, 종종 숙성되기 전에 먹는다. 리에지는 생양유로 만드는 것으로 특히 유명하다. 부드러운 질감과 섬세한 맛이 특징이다.

'카초카발로 팔레르미타노Caciocavallo Palermitano'는 늘어지는 연성 치즈로, 숙성되기 전에 먹는다. 길쭉한 모양으로 일정한 탄력을 가지며 맛은 달콤하고 약간 매콤하다.

시칠리아 치즈는 풍토의 다양성을 이용하여 좋은 품질의 현지 재료로 만들며, 이곳의 미식 전통에서 다양하게 쓰인다.

'칸놀리Cannoli', '카사타Cassata', '세테벨리Setteveli', '그라니타Granita', '젤라토Gelato'와 같은 디저트는 시칠리아에서 처음으로 시작된 디저트로 알려져 있다.

브리오슈에 넣은 젤라토

파이프 모양으로 튀긴 페이스트리 속을 크림 등으로 채운 '칸놀리', 리코타 치즈와 설탕에 절인 과일이 들어간 '카사타', 초콜릿 무스 등이 절묘한 층을 이루는 '세테벨리' 케이크 모두 팔레르모 지역에서 유래하거나 유명해진 디저트이다. '그라니타'는 슬러시처럼 얼음을 갈아 커피, 아몬드, 과일주스 등을 넣은 것이고 우리에게도 익숙한 젤라토는 쫀득한 이탈리아식 아이스 크림이다. 시칠리아 사람들은 흔히 아침에 그라니타에 빵을 찍어 먹고, 브리오슈에 젤라토를 넣어 먹는다고 한다.

시칠리아 와인은 섬의 풍부한 역사, 문화 및 테루아를 반영하는 독특하고 다양한 맛으로 유명하다.

이곳에서 인기 있는 와인 중 하나인 '네로 다볼라Nero d'Avola'는 어두운 과일 향과 향신료 향이 나는 풀보디 레드 와인이다.

그라니타

칸놀리

수 세기 전, '아볼라Avola'라는 시칠리아의 작은 마을에서 포도원을 사랑하는 농부가 특별한 포도 품종을 열정적으로 재배했다. 이 농부에게는 '다비데Davide'라는 아들이 있었는데 그는 친절하고 성실했으며 포도원을 잘 관리했다. 어느 날 다비데는 포도원에서 일을 하던 중 즙이 많은 포도송이가 가득한 유난히 무성한 포도나무를 발견했다. 이 포도가 신성한 선물이라고 확신한 그는 포도를 수확해 별도로 양조했고, 그 결과 밤의 검은 빛을 연상시키는 강렬한 색상과 풍부하고 풀보디한 특별한 품질의 와인이 탄생했다. 마을 사람들은 새 와인의 맛에 매료됐고 검은 빛의 강렬한 이 와인을 '네로 다볼라'라고 부르기로 했다. 오늘날 '네로 다볼라'는 시칠리아에서 가장 유명한 와인 중 하나가 됐다.

네로 다볼라를 비롯한 시칠리아 와인은 발효와 숙성을 위해 테라코타 암포라amphora를 사용하는 등 독특한 와인 제조 기술을 사용하는 것으로도 유명하다. 이러한 기술은 대대로 전해지는 섬의 풍부한 문화유산 중 하나이다.

네로 다볼라 와인

지중해에서 가장 큰 섬으로, 이탈리아 남부의 해안 기후를 가진 시칠리아는 포도 재배에 이상적인 곳이다.

섬은 따뜻하고 햇볕이 잘 듦과 동시에 바다에서 불어오는 시원한 바람이 온도를 조절하면서 포도 재배에 완벽한 조건을 조성한다. 섬의 토양은 화산 토양, 석회암 및 점토로 매우 다양하며 모두 시칠리아 와인의 독특한 풍미와 향에 영향을 미친다. 이곳의 와인은 높은 고도의 포도원과 화산 토양으로 유명한 에트나산을 포함해 여러 지역에서 생산된다.

시칠리아에서 재배되는 포도 품종은 50가지가 넘으며 샤르도네Chardonnay, 카타라토Catarratto, 네로 다볼라Nero d'Avola 등과 같은 좋은 와인이 생산된다.

다른 인기 있는 적포도 품종으로는 '프라파토Frappato', '네렐로 마스갈레제Nerello Mascalese ' 및 '시라Syrah'가 있고, 청포도 품종에는 '카타라토Catarratto', '그릴로Grillo ' 및 '인촐리아Inzolia'가 있다.

주요 와인으로는 '에트나 로소Etna Rosso ', '마르살라Marsala ', '파시토 디 판텔레리아Passito di Pantelleria'가 있다.

마르살라 와인

'에트나 로소'는 에트나산의 화산 토양에서 자란 포도로 만들며, 뛰어난 미네랄리티, 높은 산미, 복합적인 과일 향을 가진다. '마르살라'는 강화 와인인데, 숙성 과정에서 캐러멜, 견과류, 말린 과일 향이 난다. 드라이부터 스위트까지 다양한 스타일이 있고 주로 요리 재료로 사용하지만, 디저트 와인으로도 즐길 수 있다. '파시토 디 판텔레리아'는 건포도로 만든 디저트 와인이다. 농축된 과일 향과 높은 당도를 자랑한다.

시칠리아섬의 다양한 문화와 역사를 담은 신선한 해산물과 향신료가 풍부한 요리들은 방문객의 입맛을 사로잡는다. 이곳의 와인도 천혜의 자연 환경이 만들어 낸 독특한 맛과 향으로 시칠리아 와인을 맛볼 기회가 있는 모든 사람에게 즐거움을 선사한다. 시칠리아는 역사와 미식 여행을 함께 경험할 수 있는 곳이다.

20
아름다운 해변, 고대 전통과 활기 넘치는 현대 문화의 조화 사르데냐
Sardegna

사르데냐는 지중해에 있는 이탈리아의 섬으로, 고대부터 중세 시대까지 다양한 문화와 역사의 영향을 받았다. 카르타고와 로마 제국의 영토가 되었으며, 중세에는 피사 왕국과 아라곤 왕국의 영향을 받았다. 사르데냐 요리는 특유의 풍부한 향신료와 해산물을 사용하여 맛을 낸다는 특징이 있으며, 그중에서도 파스타, 해산물 요리가 유명하다.

사르데냐Sardegna는 이탈리아 반도의 중간쯤에 위치하고 있는 섬이다. 지중해의 대표적인 섬 중 하나로, 다양한 역사와 문화적 특성으로 유명하다. 오래전부터 여러 문명의 영향을 받았기 때문에 볼거리가 풍부하다.

이탈리아의 섬 중 두 번째로 큰 사르데냐에서는 지중해 해안의 푸른 바다와 함께 신비로운 석호, 웅장한 산맥 등 자연의 아름다움과 풍부한 음식, 와인, 디저트를 만나 볼 수 있다.

기원전부터 역사와 문화가 시작된 사르데냐에는 수천 년에 걸쳐 이곳을 지배했던 여러 문명의 흔적이 담겨 있다. 중세 성당, 요새 등 많은 역사 유산을 가지고 있으며 이 지역만의 독특한 언어와 전통을 유지하고 있다.

사르데냐에는 가 볼 만한 관광지가 많다. '올비아Olbia', '칼리아리Cagliari', '알게로Alghero'는 사르데냐에서 가장 많은 여행자가 방문하는

사르데냐 해안

지역이자 아름다운 해변과 군데군데 위치하고 있는 작은 마을들이 어우러진 곳이다.

사르데냐의 주도인 '칼리아리'는 중세 요새와 성당 등 전통적인 건축물, 돌로 만들어진 성벽과 탑 등이 매력적인 해안 도시이다. 아름다운 해변과 해상 생태계로 유명해 다이빙, 스노클링, 서핑 등 다양한 수상 활동을 즐길 수 있다.

이탈리아어, 사르데냐어, 카탈루냐어를 함께 사용하는 '알게로'에서도 역사적인 유적지와 아름다운 해변을 함께 즐길 수 있다.

사르데냐의 먹거리는 지중해 음식의 전통과 풍부한 식재료를 기반

사르데냐 목장의 양떼

으로 한 특색 있는 음식들이 많다. 사르데냐에서는 지중해의 전통적인 먹거리를 즐길 수 있고, 유기농 농장과 과수원이 많아 신선한 과일과 채소를 맛볼 수 있다.

사르데냐의 대표적인 음식인 사르데냐 양고기 요리는 이 지역에서 자주 먹는 전통 요리로, 양고기를 구운 후 로즈마리, 생강, 감귤 등 다양한 향신료와 함께 즐기는 것이 특징이다.

또 다른 유명한 음식은 '포르세토Porcetto'로, 이는 돼지고기를 구운 후 고추, 로즈마리 등의 허브와 함께 먹는 이탈리아 전통 요리이다.

'포르세두Porceddu'로 알려진 돼지고기 요리도 매우 유명한데, 오로지 어미의 모유만 먹은 무게 8kg이 채 되지 않는 새끼 돼지로 만들어서 매우 부드럽다. 포르세두는 전통적으로 나무에 불을 지펴 익히며, 겉은 바

칼리아리

삭하고 속은 부드럽고 촉촉하다.

 이 지역에서 즐겨 먹는 음식은 꼬치구이 '스피에디노^{Spiedino}'와 '쿨루르조네스 파스타^{Culurgiones Pasta}'이다. '스피에디노'는 양고기, 돼지고기, 소고기 등 다양한 육류와 채소를 꼬치에 꽂아 불에 구운 요리이며 '쿨루르조네스 파스타'는 지중해 지역에서 유래된 것으로, 쇠고기, 치즈, 감자 등을 가득 채운 파스타이다.

 그리고 이탈리아의 대표적인 해산물 요리인 '스파게티 알레 봉골레^{Spaghetti alle Vongole}'는 바다에서 채집한 조개로 조리해 매우 싱싱하고 가벼운 맛을 느낄 수 있다.

 이 밖에 '아넬로 아 카추코^{Agnello a Caciucco}'라는 양고기 요리, 매운 소시지인 '살시차 피간테^{Salsiccia piccante}', '안구일라 알리졸라나^{Anguilla}

쿨루르조네스 파스타

all'Isolana'라는 장어 요리 등 다양한 요리를 즐길 수 있다.

'파네 카라자우Pane Carasau'라고 불리는 빵은 독특한 맛과 긴 유통 기한으로 사랑받는 사르데냐 요리의 아이콘이다. 올리브유, 신선한 토마토, 현지 치즈와 함께 즐기거나 다른 전통 사르데냐 요리와 함께 즐기는 경우가 많다.

오래전 스페인이 이 섬을 지배하던 시기에 사르데냐의 목동들은 심각한 기근에 직면했다. 목동들은 양떼와 함께 산에서 오랜 시간을 보내는 동안 먹을 수 있는 방법을 스스로 찾아야만 했다. 어느 날 저녁, 목동들이 불 주위에 모여 있을 때 그들 중 한 명이 보리 가루와 물로 빵을 만들기로 했다. 보리 가루와 물은 그들이 구할 수 있는 유일한 식재료였다. 그는 보리 가루에 물을 섞어 반죽을 아주 얇게 펴고 불 위에 올려놓은 뜨거운 돌에 올려 구웠다. 이렇게 구운 빵은 그들이 이전에 맛본 어떤 빵보다도 얇고 바삭바삭했다. 전통적인 빵과는 달랐지만, 생각보다 훨씬 놀라울 정도로 맛있고 믿을 수 없을 만큼 오래 보관할 수 있어 목초지에서 오랜 시간을 보내는 데 완벽한 것으로 판명됐다. 이 빵은 '파네 카라자우'라고 불렸다. 시간이 지남에 따라 '파네 카라자우'는 사르데냐 식단의 기본 요소로 자리 잡았고, 양치기들의 음식인 동시에 섬 전체의 축제와 축하 행사에 꼭 필요한 음식이 됐다.

사르데냐는 보통 양 사육 및 양유 생산과 관련이 있는 다양하고 독

파네 카라사우

특한 치즈를 자랑한다.

'페코리노 사르도 Pecorino Sardo '는 양유로 만들며 1991년 원산지 지명을 부여받았다. 유럽 연합의 보호를 받는 치즈 중 하나이다. 이 치즈는 깊은 맛과 함께 씹는 맛과 향이 일품이다. 달콤하고 크리미한 맛부터 매콤하고 강렬한 맛까지 이 치즈는 사르데냐 지역의 다양성을 반영한다.

그리고 이곳에서만 생산되는 아주 독특한 치즈로는 파리 유충을 이용해 발효시킨 양유로 만든 페코리노인 '카주 마르추 Casu Marzu '가 있다. 곤충 알이 치즈 안에 있는 것으로 알려진, 일명 '썩은 치즈' 또는 '구더기 치즈'이다. 발효 과정을 넘어 부패돼 치즈 안의 유충이 죽은 상태가 되면 이 치즈는 먹을 수 없으므로 유충이 살아 있을 때 먹는다고 한다. 전통 사르데냐 치즈이며, 미국에서는 판매가 금지된 치즈이다. 유럽의 미식가들에게 인기가 있으며 사르데냐 사람들은 정력에 좋다는 이유로 먹는다고 한다. 대담한 맛과 전통 생산 방식으로 유명한 독특한 치즈이다.

카주 마르추

이곳은 독특하고 맛있는 진미를 포함한 풍부한 제과 전통으로 유명하다.

잘 알려진 디저트 중 하나는 얇은 반죽에 신선한 치즈를 채우고 꿀에 찍어 튀긴 '세아다스 Seadas '이다. 겉의 바삭함과 안의 크리미함의 대비가 특별한 맛을 선사한다.

다른 전통 디저트로는 부드러운 아몬드 맛의 비스킷인 '사르데냐 아

아마레티

마레티^{Sardinian Amaretti}'와 건포도와 말린 과일로 만든 작은 과자인 '파파시니^{Papassini}'가 있는데, 크리스마스 기간에 많이 만들어 먹는다.

또 다른 유명한 디저트는 '세미프레도^{Semifreddo}'이다. 세미프레도는 '반 얼음 상태'를 의미하는데, 마치 아이스크림과 케이크가 합쳐진 것 같은 맛이다. 맛있는 꿀과 아몬드, 레몬 등의 재료를 사용해 만든 세미프레드는 특히 여름에 인기 있는 디저트이다. 호두, 아몬드, 파인애플 등 다양한 맛의 세미프레드를 즐길 수 있다.

새콤달콤한 딸기와 마스카르포네 치즈로 만든 '푸디나^{Pudina}'도 사르데냐 지역에서 많이 먹는 디저트 중 하나이다.

사르데냐의 포도 제배는 오랜 역사를 지니고 있으며 이 지역은 녹특

세미프레도

한 와인으로 유명하다.

'칸노나우 디 사르데냐Cannonau di Sardegna'는 주로 지역 특산품인 칸노나우 포도로 만드는 사르데냐의 독특한 와인 중 하나이다. 강렬한 색상과 풍부한 풍미를 지닌 이 레드 와인은 섬의 강인한 특성과 독특한 기후를 반영한다. 칸노나우 와인은 사르데냐뿐 아니라 이탈리아 전역에서 사랑받는 와인이다. 이 와인은 붉은 과일과 향신료의 향과 함께 풍부하고 포근한 맛을 지녔고 무거운 음식과 함께 먹는 것이 좋다.

'조반니Giovanni'라는 양치기가 사르데냐 섬에 있는 고대 석탑인 누라기Nuraghi에서 이 와인을 발견했다는 전설이 전해진다. 그는 와인 맛에 압도돼 지역 사회에 와인을 알렸고 칸노나무 와인은 곧 사르데냐 축제의 필수 요소가 됐다고 한다. 누라기 석탑의 전설은 칸노나우를 한 모

누라기 석탑

누라기 석탑 내부

금 마실 때마다 숨어 있는 마법과 아름다움에 대한 이야기를 전해 준
다. 칸노나우 와인에는 사람들을 섬의 고대 역사와 연결하는 힘이 있으
며 칸노나우를 함께 마시는 것은 지역 사회의 유대감을 강화할 수 있다
고 여겨진다.

'베르멘티노 디 갈루라Vermentino di Gallura'는 신선하고 향기로운 고급 화이트 와인으로, 사르데냐의 생선 요리와 아름답게 어울린다. 이 와인은 깊은 황금빛을 띠며 맛과 향 모두 깊고 진한 특징을 지니고 있다.

푸른 지중해의 풍경과 오래된 도시의 거리에 남은 고대의 흔적 등 사르데냐만의 아름다움과 매력은 떠날 때 안타까울 정도로 많은 이들에게 인상적이다. 이곳에 오면 사르데냐 섬만의 전통적인 문화와 자연 풍경, 풍부한 음식과 와인을 경험할 수 있다. 이탈리아를 여행한다면 사르데냐를 꼭 방문해 보길 바란다.

칸노나우 디 사르데냐 와인

피에몬테 포도밭

부록

- 와인에 관해

- 커피에 관해

와인에
관해

⬜1 와인의 역사

와인은 포도가 발효해 만들어진 알코올 성분의 술을 말한다. 우리나라 말로는 '포도주', 영어로는 '와인wine', 프랑스어로는 '뱅vin', 독일어로는 '바인wein', 스페인어와 이탈리아어로는 '비노vino'라고 한다. 포도주를 의미하는 이러한 단어는 '비눔vinum'이라는 라틴어에서 유래했다.

처음 와인을 누가 언제 만들었는지는 알 수 없다. 와인은 우연히 발견돼 인류 역사와 함께 발전해 온 것으로 추정된다. 와인의 시작을 기원전 8000~7000년으로 보기도 하지만, 많은 고고학자는 와인이 기원전 6000년경 메소포타미아에서 처음으로 시작됐을 것으로 추측한다.

고대 이집트인들이 와인을 생산해 마시기 시작한 것은 기원전 3000년경이다. 그 당시 교역이 활발했던 이집트는 직접 와인을 만들지 못해, 레반트Levant[1]에서 수입한 와인을 신에게 바칠 때만 썼고, 가나안 사람들을 통해 포도 묘목을 들여오면서 가지치기를 비롯한 재배 방법이나 양조 기술을 발전시켰다. 또한 향신료나 허브를 첨가해 와인의 변질을 늦추는 방법을 알아냈고 또한 소나무 송진이 와인의 맛을 향상시킨다는 것도 알아냈다.

와인은 기원전 600년경에 고대 로마로 전해지면서 누구나 마실 수 있는 술이 됐으며 이러한 와인의 보급은 로마 제국 원정기에 이르러 더욱

---

1 레반트 지중해 동부 연안의 지역을 지칭

확산됐다. 유럽의 많은 지역을 정복한 로마군은 석회가 많고 오염된 물 대신 마실 수 있는 와인을 나눠 줬다고 한다.

이들은 와인이 외부 공기와 접촉하면 변질된다는 것도 알고 있었고 와인을 보관할 나무통도 개발했다. 10세기에 이르러 로마인들은 포도 품종의 특성을 기록으로 남겼고 수확량을 증가시키는 방법을 알아냈으며 병충해를 진단할 수 있게 됐다.

와인은 4세기 초 콘스탄티누스 대제가 기독교를 공인한 후 교회 성찬용으로 사용되면서 유럽에서 빠르게 확산됐고, 로마 제국의 멸망 후 중세 시대에도 로마 제국에서 그랬던 것처럼 종교적 의미를 유지하였다.

이렇게 와인은 역사의 발전과 함께 지역 생산품의 한계를 넘어서 오랜 시간에 걸쳐 세계화되었다.

이집트 룩소르 와인 벽화

　와인 등급의 시작은 나폴레옹 3세가 1851년 최초의 만국 박람회장에서 영국의 최신 건물 등을 보고 자극받아 그들에게 없는 와인을 소개하기로 하면서 시작됐다. 프랑스는 다양한 종류의 와인을 고민한 끝에 당시 와인 생산이 활발했던 보르도 지방 '가론Garonne 강' 연안의 '메독Medoc'과 '그라브Graves' 지역의 와인을 선정해 소개했다.

　1855년에는 프랑스의 공식 분류 등급이 만국 박람회에 소개됐다. 이것이 최초의 와인 등급이며 이후 프랑스는 1935년 「원산지 통제법AOC/Appellation d'Origine Contrôlée」을 제정, 국가적인 와인 품질 관리를 본격적으로 시작했다. 이러한 등급 체계는 와인을 생산하던 스페인, 이탈리아에도 영향을 미쳤다.

　이탈리아 와인 등급 시스템은 와인의 품질과 원산지를 보장하기 위해 도입된 체계이다. 주요 등급에 대한 설명은 다음과 같다.

1. DOCG(Denominazione di Origine Controllata e Garantita)
- 최고 등급의 와인으로, 원산지와 품질을 엄격하게 관리한다.
- 생산 지역, 품종, 양조 방법, 알코올 도수 등 다양한 기준을 충족해야 한다.
- 정부 기관이 승인해야 DOCG 인증을 받을 수 있다.
- 병목에 공식적인 봉인이 부착되어 있다.

2. DOC(Denominazione di Origine Controllata)
- DOCG보다 약간 낮은 등급이지만, 품질과 원산지를 엄격히 관리한다.

- 특정 지역에서 생산된 와인으로, 전통적인 방법으로 만들어져야 한다.

- 품종, 생산 방식, 숙성 기간 등 여러 가지 기준을 충족해야 한다.

3. IGT(Indicazione Geografica Tipica)

- 비교적 자유로운 규제를 받는 와인 등급으로, 창의적이고 혁신적인 와인을 만들기 위해 도입되었다.

- 특정 지역에서 생산된 와인이지만, DOC와 DOCG처럼 엄격한 기준을 적용하지 않는다.

- 생산자는 다양한 품종을 실험하고 새로운 스타일의 와인을 만들 수 있다.

- 국제 시장에서 경쟁력을 높이기 위해 도입된 등급이다.

4. VdT(Vino da Tavola)

- 가장 낮은 등급의 와인으로, 일반적으로 '테이블 와인'이라고 한다.

- 생산 지역, 품종, 생산 방법 등에 제한이 거의 없다.

- 일상적으로 즐길 수 있는 와인으로, 품질이 다른 등급보다 낮을 수 있다.

이러한 등급 시스템은 소비자에게 와인의 품질과 원산지를 보장하며, 이탈리아 와인의 명성을 유지하는 데 중요한 역할을 한다. 하지만 이러한 등급이 와인 맛의 절대적인 기준은 아니다. 세계 최고로 인정받은 와인이 VdT로 유통되기도 하며, DOCG, DOC가 품질을 보장하지만 반드시 IGT보다 우수하다고 할 수도 없다. IGT 등급은 이탈리아 와인의 다양성과 혁신을 반영하는 중요한 등급이다. 와인을 선택할 때 등급에 연연하지 말고, 자신의 입맛에 맞는 와인을 찾는 것이 중요하다.

와인은 레드 와인, 화이트 와인, 로제 와인, 스파클링 와인, 아이스 와인, 강화 와인으로 나눌 수 있다. 색에 따라 레드 와인, 화이트 와인, 로제 와인으로 구분하고, 탄산가스가 함유된 발포성 와인은 스파클링 와인으로 분류한다.

1 레드 와인

이탈리아인들이 매일 식사 때 함께 마시는 레드 와인에는 '폴리페놀 Polyphenol', '레스베라트롤Resveratrol', '엔토텔린Endothelin' 등이 들어 있다. 폴리페놀은 항산화 작용을 해 세포가 노화하는 것을 막아 주고, 레스베라트롤은 염증을 유발하는 효소를 억제해 면역력을 증가시킨다. 그리고 엔도텔린은 콜레스트롤을 제거하고 혈관을 튼튼하게 만들어 성인병을 예방하는 데 도움을 준다.

같은 레드 와인이라도 빛깔과 맛이 다른 이유는 포도 품종이 다르기 때문이다. 레드 와인은 포도 껍질에 들어 있는 '안토시아닌Anthocyanin'이라는 색소 때문에 붉은 빛을 띠는데, 포도 품종에 따라 다른 안토시아닌의 종류와 양이 와인의 색에 영향을 미친다.

레드 와인을 만드는 대표적인 품종은 '카베르네 소비뇽Cabernet Sauvignon'이다. 카베르네 소비뇽은 일반적인 와인부터 고급스러운 와인까지 만들 수 있는 품종이며 껍질이 두껍고 타닌 성분이 강하다. 레드 와인으로 많이 쓰이는 또 다른 품종은 '메를로Merlot'인데, 카베르네 소비뇽과 함께 프랑스 보르도 지방의 대표적인 포도 품종이다. 메를로는 서늘한 기후에서 자라며 순하고 타닌도 강하지 않은 것이 특징이다.

이탈리아의 대표적인 레드 와인 품종은 '산조베제Sangiovese'이다. 주요 와인은 토스카나의 '키안티Chianti', '브루넬로 디 몬탈치노Brunello di Montalcino'이다. 이 와인에서는 체리 향, 허브 향, 흙 향이 난다.

다른 레드 와인 품종인 '네비올로Nebbiolo'는 '피에몬테'에서 생산된다. 피에몬테에서 생산되는 레드 와인으로는 '바롤로Barolo', '바르바레스코Barbaresco'가 있다. 네비올로는 탄탄한 타닌 구조와 아로마틱한 복합성으로 유명하다. 이 품종에서는 장미 향, 체리 향, 담배 향이 난다.

'피에몬테' 지역의 '바르베라Barbera'는 생동감과 신선함으로 높이 평가되며 와인은 붉은 과일 향과 생생한 산미를 지니고 있다. 이곳의 레드 와인은 '바르베라 다스티Barbera d'Asti', '바르베라 달바Barbera d'Alba'이다.

'몬테풀차노Montepulciano'의 생산 지역은 '아브루초'이다. 검은 과일 향, 향신료 향, 때로는 흙 향이 나는 풀보디 와인이며, 이곳에서 생산되는 레드 와인은 '몬테풀차노 다부르초Montepulciano d'Abruzzo'이다.

'프리미티보Primitivo'의 생산 지역은 '풀리아'이다. 이곳의 레드 와인은 '프리미티보 디 만두리아Primitivo di Manduria'이다. 이 와인은 풍부함과 견고함으로 유명하다. 잘 익은 검은 과일 향과 향신료 향이 나는 경우가 많다.

'알리아니코Aglianico'의 생산 지역은 '캄파니아'와 '바질리카타'이다. 캄파니아의 레드 와인으로는 '타우라지Taurasi', 바질리카타의 레드 와인으로는 '알리아니코 델 불투레Aglianico del Vulture'가 있다. 알리아니코는 탄탄한 타닌을 지닌 풀보디 와인을 생산하는 고대 품종으로, 과일 향, 흙 향,

향신료 향이 난다.

'네그로아마로Negroamaro'의 생산 지역은 '풀리아'이다. 이 품종은 사두향, 초콜릿 향 그리고 독특한 쓴맛이 난다. 레드 와인으로는 '살리체 살렌티노Salice Saletino'가 있다.

'돌체토Dolcetto' 품종의 주요 지역은 '피에몬테'이며 이곳의 돌체토 레드 와인으로는 '돌체토 디 돌리아니Dolcetto di Dogliani'와 '돌체토 달바Dolcetto d'Alba'가 있다. 이름은 단맛을 암시하지만, 신선한 검은 과일 향과 약간의 쓴맛이 나는 드라이한 느낌을 준다.

2 화이트 와인

화이트 와인도 레드 와인 못지않게 건강에 좋다고 알려져 있다. 인슐린의 분비를 활발하게 해서 근육 생성에 도움을 주고, 식중독을 예방하기도 한다. 식중독을 일으키는 살모넬라균과 대장균에 대한 항균 작용이 있어 요리할 때 화이트 와인을 넣거나 식사할 때 함께 먹으면 식중독을 예방할 수 있다고 한다.

화이트 와인은 청포도나 껍질을 제거한 적포도의 알맹이만을 사용해서 만드는 와인을 말한다. 화이트 와인을 만드는 가장 일반적인 품종은 '샤르도네Chardonnay', '소비뇽 블랑Sauvignon Blanc', '피노 그리조Pinot Grigio', '트레비아노Trebbiano' 등이다.

화이트 와인을 만들 때는 가장 먼저 포도를 압착하고 추출한 주스를 발효 전에 껍질과 분리한다. 이 과정을 통해 와인은 밝은 색상을 유지할 수 있다. 일반적으로 레드 와인보다 낮은 온도에서 만들어지는데, 보통 7~13℃ 사이의 시원한 온도는 와인의 신선한 향을 만드는 데 도움이 된다.

화이트 와인은 포도 품종, 테루아, 와인 제조 기술에 따라 다양한 향과 풍미를 갖는다. 화이트 와인이 가진 신선한 과일 향, 꽃 향, 감귤 향, 허브 향 및 미네랄 향 등은 가볍고 신선한 요리와 잘 어울린다. 예를 들어 해산물, 생선, 가금류, 신선한 치즈 및 야채 요리와 함께 먹는 것이 좋다.

화이트 와인도 드라이 와인부터 스위트 와인까지 다양한 스타일이 있다. 어떤 지역은 미네랄이 풍부한 드라이 화이트 와인을 생산하고 또 어떤 지역은 달콤하고 향기로운 화이트 와인을 생산한다.

화이트 와인은 신선함과 향의 생동감을 느끼기 위해 숙성되기 전에 마시는 것이 좋다. 그러나 샤르도네와 같은 일부 품종은 숙성으로 인해 이점을 얻을 수 있고 시간이 지남에 따라 깊은 맛을 지닌다.

이탈리아 화이트 와인의 대표적인 품종은 다음과 같다.

'트레비아노Trebbiano'는 이탈리아에서 와인용으로 가장 널리 재배되는 품종이다. 이 품종은 움브리아, 아브루초, 투스카니에서 많이 재배되며 감귤 향과 꽃 향이 나는 드라이하고 신선한 화이트 와인을 생산한다.

'가르가네가Garganega' 품종은 베네토 지역에서 생산되며 '소아베Soave' 와인을 탄생시켰다. 꽃 향과 흰 과육 향이 나는 신선하고 향기로운 화이트 와인을 생산하는 데 이용된다. 그리스인들은 이탈리아를 '와인의 땅'이라고 불렀다. 국토 전체가 와인을 생산할 수 있는 땅이었기 때문이다. 하지만 이탈리아는 20세기 초까지만 하더라도 다른 나라 소비자들로부터 이곳의 와인은 형편없다는 평을 들었다. 이러한 평판을 깨고 이탈리아 와인의 매력을 알린 것이 바로 '소아베' 와인이다.

'베르멘티노Vermentino'는 사르데냐, 리구리아, 토스카나 지역에서 화이트 와인으로 생산된다. 감귤 향, 허브 향, 기분 좋은 신선함을 지닌 향기로운 와인을 생산한다.

'피노 그리조Pinot Grigio'는 트렌티노-알토 아디제, 프리울리-베네치아 줄리아, 베네토 지역의 품종으로, 흰 과일 향과 감귤 향이 나는 드라이하고 가벼운 화이트 와인이다.

'샤르도네Chardonnay'는 프리울리-베네치아 줄리아, 롬바르디아, 트렌티노-알토 아디제에서 화이트 와인을 생산하는 데 사용한다. 이탈리아의 샤르도네는 테루아와 와인 제조 기술에 따라 신선한 과일 향이 나는 와인부터 더 풍부하고 복잡한 와인에 이르기까지 다양한 와인을 만든다.

'베르디키오Verdicchio'는 마르케 지역에서 생산된다. 이 품종에서는 아몬드 향과 시트러스 향이 나며 드라이 미네랄 화이트 와인을 생산하는 데 사용된다.

'모스카토Moscato'는 피에몬테, 베네토, 풀리아 지역에서 생산되는 품종으로, 꽃과 과일의 강렬한 향과 함께 달콤함과 향기로운 향으로 유명하다.

'피아노Fiano'는 캄파니아 지역에서 생산되는 품종으로, '피아노 다벨리노Fiano d'Avellino' 와인을 만들며 열대 과일 향과 독특한 아몬드 뒷맛을 지닌 복잡하고 구조화된 화이트 와인을 만들어 낸다.

'말바지아Malvasia'는 시칠리아, 풀리아, 사르데냐에서 생산되는 화이트 와인 품종으로, 꽃 향과 과일 향이 나는 드라이 와인이나 달콤한 와인을 생산하는 다용도 품종이다.

'그레코^{Greco}'는 캄파니아 지역에서 생산되는 품종으로, '그레코 디 투포^{Greco di Tufo}' 와인을 생산한다. 이 와인은 노란색 과일 향과 미네랄 향을 지닌 건조하고 복합적인 화이트 와인을 생산한다.

3 로제 와인

우리에게 가장 많이 알려진 레드 와인과 화이트 와인 말고도 그 중간 정도의 색을 띠는 예쁜 핑크 빛의 로제 와인이 있다.

로제 와인은 포도가 익었을 때 수확하되, 너무 달지 않도록 해야 하고, 원하는 색상을 얻기 위해 수확 시기를 조정한다.

로제 와인을 만드는 데는 여러 가지 방법이 있다. 그중 하나는 블랜딩하는 방법이다. 쉽게 이야기하면 화이트 와인과 레드 와인을 섞어 만드는 방법이다. 또 다른 방법은 레드 와인과 마찬가지로 포도의 알과 껍질을 넣고 껍질의 색소와 타닌을 침용 과정을 거쳐 발효시키는 과정에서 핑크 빛이 우러나오면 그 포도즙을 가지고 로제 와인을 만드는 방법이다. 이 밖에 아무런 과정 없이 원하는 색이 나올 때까지 압착해서 만드는 방법도 있다. 다른 와인은 수 주일에 걸쳐 발효시키는 반면, 로제 와인은 6시간에서 48시간 이내로 발효시킨다. 그리고 발효 온도를 조절해야 한다. 로제 와인의 경우, 신선한 향을 보존하기 위해 더 낮은 온도를 유지하는 것이 좋다.

이탈리아 로제 와인은 각 지역의 특성을 반영해 다양한 스타일과 맛을 제공한다. 주요 지역의 로제 와인은 다음과 같다.

토스카나의 로제 와인으로는 '로자토 토스카나^{Rosato Toscana}'가 있다.

산소베제 포도에서 추출되며 붉은 과일과 감귤 향이 나는 섬세한 색상을 지닌 우아하고 균형이 잘 잡힌 와인이다.

피에몬테 로제 와인으로는 '네비올로 로자토Nebbiolo Rosato'가 있다. 이 와인은 가볍고 향긋하며 기분 좋은 산미가 있으며 딸기 향과 봄꽃 향을 지니고 있다.

베네토의 로제 와인으로는 '바르돌리노 키아레토Bardolino Chiaretto'가 있다. 이 와인은 가르다 호수 지역에서 생산된 품종이자 체리와 딸기 향이 나는 신선하고 생기 넘치는 로제 와인으로, 여름과 잘 어울린다.

시칠리아 로제 와인 '세라주올로 디 비토리아Cerasuolo di Vittoria'는 주로 '네로 다볼라Nero d'Avola' 포도로부터 얻는다. 풍부하고 과일 향이 나며 체리 향과 향신료 향이 살짝 난다.

풀리아 로제 와인 '로자토 살렌토Rosato Salento'는 '프리미티보Primitivo', '네그로아마로Negroamaro' 포도 품종으로 만든다. 강렬한 색상과 잘 익은 과일 향을 지닌 와인이다.

리구리아 로제 와인 '비손Bisson'은 '칠리에졸로Ciliegiolo' 품종으로 생산한다. 체리 향과 꽃 향이 나며 지중해 요리와 잘 어울린다.

캄파니아 로제 와인 '타우라지 로자토Taurasi Rosato'는 '알리아니코Aglianico' 포도에서 얻는다. 뚜렷한 산미와 붉은 과일 향, 향신료 향이 나는 풀보디 와인이다.

움브리아 로제 와인 '로자토 델룸브리아Rosato dell'Umbria'는 '산조베제'와 같은 현지 포도를 다른 품종과 접목시켰으며 신선하고 향기롭다.

사르데냐의 로제 와인 '카노나우 로자토Cannonau Rosato'는 '우사나

Ussana ' 지역에서 생산되며 붉은 과일 향부터 향기로운 허브 향까지 복잡한 향을 지닌 견고하고 구조화된 와인이다.

칼라브리아 로제 와인 '치로 로자토 Cirò Rosato '는 '갈리오포 Gaglioppo ' 포도를 주로 사용하며 붉은 과일과 향신료가 혼합된 생생한 색상과 아로마 프로필을 지닌 와인이다.

4 스파클링 와인

결혼식 파티, 경기에서의 승리 등 축하할 일이 있는 장소에서 흔히 사용하는 와인이 스파클링 와인이다. 스파클링 와인은 와인 속에 탄산가스가 많이 들어 있다. 일반 와인과 달리 잔에 따르면 발포성 기포가 올라온다.

스파클링 와인은 오랜 역사를 지니고 있는데, 고대 로마인들은 발포성 와인을 생산하는 것으로도 유명했다. 스파클링 와인은 지역에 따라 다양한 종류가 있다.

이탈리아에서는 '스푸만테 Spumante ', 스페인에서는 '카바 Cava ', 독일에서는 '젝트 Sekt ', 프랑스에서는 '샴페인 Champagne '이 유명하다.

샴페인은 프랑스 샹파뉴 지역에서 만든 스파클링 와인이며, 샴페인은 샹파뉴의 영어식 발음이다. 이탈리아 스푸만테 Spumante 는 다양한 지역에서 생산되는데, 롬바르디아의 프란치아코르타 지역이 유명하다. 내부기압은 5~6기압이며 병 속에서 2차 발효 또는 스틸 탱크에서 2차 발효한다.

스푸만테처럼 발효 과정에서 발생하는 이산화탄소를 이용해 스파클링 와인을 만들 때 보통 두 가지 방법이 쓰인다. 2차 발효를 병에서 진행하는 것과 스테인리스 스틸 탱크에서 진행하는 방법이다. 병에서 발효하는 것은 '메토도 클라시코metodo classico'라고 불리는 고전적인 방법이고 탱크에서 발효하는 것은 19세기에 개발된 좀 더 현대적인 방법이라고 할 수 있다.

'샹프누아즈Champenoise'라고 불리는 병입 발효법은 프랑스 샹파뉴Champagne 지역에서 시작됐다. 병에 와인을 넣고 뚜껑을 닫아 몇 달에서 몇 년 동안 2차 발효를 진행하는 방법이다. 익은 포도가 너무 달아지기 전에 수확해 포도즙을 추출하고 1차 발효를 시작한다. 그리고서 발효한 포도즙에 다양한 기본 와인을 혼합해 병에 붓고 설탕과 이스트를 첨가해 병 안에서 2차 발효시킨다. 병에서 발효되는 도중에 생성된 침전물을 제거하고 소량의 와인과 설탕을 첨가해 맛을 조정한다. 마지막으로 코르크 마개나 금속 케이지로 병을 밀봉한다. 이렇게 일정 기간 숙성하는 동안 병 안에서는 자연스러운 기포가 생성된다. 스푸만테를 이 방법으로 생산하는 데 적합한 포도는 샤르도네, 피노 누아, 피노 블랑이다. 롬바르디아의 프란치아코르타 지역은 클래식 방식의 스푸만테로 유명하다. 이곳에서 생산되는 와인은 프랑스 샴페인과 비슷한 전통적인 방식을 엄격하게 따른다.

'샤르마Charmat'라고 불리는 또 다른 방식은 내압을 견디도록 설계한 '오토클레이브autoclave'라는 대형 탱크에서 2차 발효를 진행하는 것이다. 이 방식은 이탈리아 베네토Veneto 지역, 특히 트레비소Treviso에서 사용한다. 트레비소에서 생산되는 '프로세코Prosecco'는 샤르마 방식으로 생산되며 이탈리아 사람들에게 가장 사랑받는 스파클링 와인이다. 베네토와 프리올리 베네치아 줄리아는 가장 유명하고 높이 평가되는 이탈리아 스파클링 와인 중 하나인 프로세코로 유명하다. 프로세코는 스파클링 와인뿐 아니라 비발포성 스틸Still 와인이 존재한다. 프로세코는 주로 '코넬리아노Conegliano'와 '발도비아데네Valdobbiadene' 지역에서 생산된다.

트렌티노-알토 아디제, 특히 트렌토 지역에서는 고전적인 방법을 사용해 고품질 스푸만테를 생산한다. 피에몬테 지역, 특히 아스티Asti 및 알바Alba 지역에서는 '아스티 스푸만테Asti Spumante'와 같은 스푸만테가 생산되며 달콤하고 향긋하다.

마르케 지역은 스푸만테 버전으로도 양조할 수 있는 '베르디키오Verdicchio'로 유명하며 '베르디키오 스푸만테Verdicchio Spumante'를 생산한다.

이 밖에 고품질 스푸만테를 생산하는 곳은 많으며 스타일도 매우 다양하다. 특정 스푸만테를 찾을 때는 생산 지역을 아는 것이 좋으며 되도록 특정 브랜드나 인정받은 명칭을 사용해 찾는 것이 좋다.

5 귀부 와인

썩은 포도, 즉 곰팡이가 핀 포도로 아주 맛있는 와인을 만든다는 것을 아는 사람은 그리 많지 않을 것이다. 곰팡이 핀 포도로 만든 와인을 '귀부 와인'이라고 한다. '귀부'라는 단어는 '귀할 귀貴'와 '썩을 부腐'라는 한자를 사용한다. 영어의 '노블 럿Noble Rot'을 한자로 표현한 것이다. 귀부 와인은 아무 곰팡이가 아니라 '보트리티스 시네레아Botrytis Cinerea'라는 회색 곰팡이가 핀 포도로 만든다. 이 곰팡이는 포도의 수분을 빨아들여 당노가 높은 스위드 와인을 만들게 하는데, 일반 스위트와는 다른 맛을 낸다. 이러한 귀부 균은 아무 데나 생기지 않고 몇 가지 자연적인 기후 조건이 맞아야만 생긴다. 포도가 알맞게 익었을 때 날씨가 습해야 하고 이후 날씨는 건조해서 포도가 부패하지 않고 쪼그라들어야 한다. 귀부 균이 생기면 포도는 수분이 날아가 쭈글쭈글해지지만, 당분은 그대로 남아 있어 매우 달콤한 맛을 낸다.

세계 3대 디저트 와인으로는 헝가리의 '토카이Tokaj', 프랑스의 '소테른Sauternes' 그리고 독일의 '트로켄베렌아우스레제Trockenbeerenauslese'를 들 수 있다. 이 셋의 공통점은 바로 귀부 와인이라는 것이다.

이탈리아에는 귀부 균의 혜택을 받는 유명한 지역이 있다. 이들 지역 중 일부와 그곳에서 생산되는 귀부 와인은 다음과 같다.

발레다오스타 지역의 와인 '뱅 드 사바Vin de Sabba'는 뮈스카 포도로 만들어지는 와인이다.

베네토 와인 '레초토 델라 발폴리첼라Recioto della Valpolicella'는 발폴리첼라 지역에서 생산되는 달콤하고 풀보디한 레드 와인이다.

프리울리 베네치아 줄리아의 와인 '피콜릿Picolit'은 '콜리 오리엔탈리 델 프리울리Colli Orientali del Friuli' 지역에서 생산되는 달콤한 화이트 와인이다.

토스카나 와인 '빈 산토Vin Santo'는 '트레비아노Trebbiano'와 '말바지아Malvasia' 포도를 주로 사용하는 전통적인 토스카나 스위트 와인이다.

움브리아 와인 '사그란티노 파시토Sagrantino Passito'는 사그란티노 포도로 만들며 강렬함과 단맛으로 유명하다.

에밀리아 로마냐 와인 '알바나 파시토 디 로마냐Albana Passito di Romagna'는 로마냐 지역의 알바나 포도로 생산되는 달콤한 와인이다.

캄파니아 와인 '피아노 디 아벨리노 파시토Fiano di Avellino Passito'는 피아노 포도로 생산된다.

시칠리아 와인 '파시토 디 판텔레리아Passito di Pantelleria' 또는 '지비보Zibibbo'는 판텔레리아 섬에서 생산되는 달콤한 와인이다. 사르데냐 와인 '모스카토 니 사르데냐Moscato di Sardegna'는 사르데냐 섬의 모스카토 포도로 만든 달콤한 와인이다.

이러한 와인은 귀부 균을 얻기 위해 수확 중에 특정 기후 조건과 특별한 주의가 필요한 경우가 많다.

6 아이스 와인

귀부 와인만큼 유명한 아이스 와인은 수확기가 지나도 포도나무에 남아 있다가 겨울 추위에 자연적으로 얼어붙은 포도를 이용해 만든다. 이 공정을 통해 천연 당도 함량이 높은 달콤하고 강렬하며 향기로운 와인을 생산할 수 있다.

아이스 와인의 특징은 포도를 겨울에 수확한다는 것이다. 아이스 와인의 수확은 포도나무의 포도가 얼어붙을 만큼 기온이 낮은 겨울의 이른 아침 시간에 이뤄진다. 포도가 자연히 얼 때까지 수확하지 않고 포도나무에 그대로 두면 이 기간 동안 포도에 포함된 수분은 얼지만, 당분과 기타 성분은 농축된 상태로 유지된다. 이렇게 언 포두를 냉동 상태에서 압착하여 얼음과 기타 고형물은 남기고 고농축 즙만 추출한 후 농축된 머스트^{must}를 발효시켜 와인으로 만드는 것이다. 당도가 높기 때문에 달지 않은 와인보다 발효 과정이 좀 더 오래 걸릴 수 있다. 이러한 아이스 와인은 강렬한 단맛과 신선한 산미가 균형을 이루는 것으로 유명하다. 잘 익은 과일, 꿀의 강렬한 향이 특징이며 종종 말린 과일과 향신료 향이 난다. 아이스 와인은 보통 독일과 캐나다에서 생산하지만, 오스트리아, 미국 및 동유럽의 일부 지역을 포함한 세계의 여러 와인 지역에서 이러한 유형의 와인을 생산한다.

아이스 와인은 디저트 와인으로 즐기거나, 단독으로 마시거나, 달콤한 치즈와 함께 즐길 수도 있다. 생산하기 힘들고 특별한 기후 조건이 필요하기 때문에 독특하고 귀중하다.

이탈리아에서는 아이스 와인을 '비노 파시토 디 기아초^{Vino Passito di Ghiaccio}' 또는 간단히 '비노 디 기아초^{Vino di Ghiaccio}'라고 한다. 이 와인은 독일 아이스 와인과 비슷한 공정을 거쳐 생산된다. 날씨가 따뜻한 이탈리아에서도 아이스 와인을 생산하는 곳이 있다.

베네토의 '레초토 델라 발폴리첼라^{Recioto della Valpolicella}'는 보통 달콤한 레드 와인이지만, 일부 버전은 발폴리첼라 지역에서 건포도 아이스 와인으로 생산된다. 시칠리아의 판텔레리아 섬에서 '지비보/무스카트^{Zibibbo/Muscat}' 포도로 만든 달콤한 아이스 와인 '파시토 디 판텔레리아^{Passito di Pantelleria}'를 생산하기도 한다.

7 **강화 와인**

강화 와인은 와인을 만드는 과정에서 포도로 만든 증류주인 브랜디를 첨가한 와인이다. 일반적으로 와인의 도수는 12도에서 15도 사이인데 강화 와인은 15도에서 22도 정도 된다고 볼 수 있다.

발효 중 또는 발효 후에 알코올을 첨가해 와인 도수를 높이는 관행은 와인의 감각적 특성을 보존하고 개선하는 등 여러 가지 이유로 개발됐다.

대표적인 강화 와인으로는 스페인의 '셰리Sherry' 와인, 포르투갈의 '포르토Porto' 와인을 들 수 있다. 강화 와인의 역사는 오래전부터 시작됐다. 백년전쟁 때 프랑스와 영국의 갈등으로 인해 영국에서 더 이상 프랑스 와인을 수입하지 않았다. 기후 때문에 포도를 키울 수 없었던 영국은 스페인, 포르투갈에서 와인을 수입하게 되는데, 와인의 변질을 막기 위해 브랜디를 섞어 가지고 왔다고 한다.

강화 와인은 이탈리아에서도 오랜 역사를 지니고 있다.

와인을 강화하는 관행은 로마 시대에 시작됐으며, 중세와 르네상스 시대에 널리 퍼졌다.

이탈리아에서 강화 와인이 생산되는 유명한 지역 중 하나는 '마르살라Marsala'가 생산되는 '시칠리아'이다. 마르살라는 시칠리아의 마르살라 지역에서 생산되는 강화 와인이다. 1773년 영국 상인 '존 우드하우스 John Woodhouse'가 운송 중에 와인의 보존성을 높이기 위해 와인을 강화하는 과정을 개발한 것으로 알려졌다. 영국 시장을 위해 만들어진 이 와인은 수년에 걸쳐 명성을 얻었다.

또 다른 와인으로는 피에몬테에서 탄생한, 향이 니는 식진주인 '버몬트Vermouth'를 들 수 있다. 버몬트는 종종 화이트 또는 로제 와인을 사용하며 허브, 향신료 및 기타 재료로 맛을 낸다. 토리노는 특히 버몬트 생산으로 유명하다.

마르살라와 버몬트 외에도 이탈리아 지역에서는 강화 스위트 와인을 포함한 다양한 스타일의 강화 와인을 생산한다. 예를 들어 '파시토 디 판텔레리아Passito di Pantelleria'는 '지비보' 포도로 만든 판텔레리아 섬에서 생산되는 달콤한 강화 와인이다.

강화 와인은 보통 전통적인 이탈리아 요리에 사용되어 깊이와 풍미를 더하며 휴일 및 축하 행사에서도 많이 사용된다. 이탈리아의 강화 와인은 수 세기에 걸친 전통과 혁신의 결과이다. 각 지역마다 고유한 특산품과 스타일이 있어 강화 와인 애호가들에게 다양한 옵션을 제공한다.

4 와인 잔

와인 잔은 와인을 즐기는 데 중요한 역할을 한다. 그 모양과 크기는 와인의 향미와 맛에 영향을 미친다. 적절한 잔을 선택하면 와인의 특성을 최대한 즐길 수 있다. 와인 잔은 다양한 종류와 디자인이 있으며 와인 종류에 따라 적합한 잔을 선택하는 것이 좋다. 잔의 모양, 크기, 재질은 와인의 맛과 향을 강조하고 향상하는 데 결정적인 역할을 한다.

1 물 잔Bicchiere per l'acqua : 물을 마시는 데 사용한다. 와인의 맛을 별로 느낄 수 없다. 따라서 소량의 와인만을 제공하거나 맛보는 데 사용한다.

2 샴페인잔Coppa per Champagne : 보기에는 아름답지만, 스파클링 와인의 향을 느끼기에는 좋지 않다. 이 와인 잔은 루이 15세 Louis XV 의 정부인 퐁파두르Pompadour 후작 부인의 왼쪽 가슴을 모델로 만들어졌다고 한다.

3 플루트Flûte : 좁고 긴 잔으로 스파클링 와인을 즐기기에 적합하다. 가벼운 화이트 와인, 도수가 높은 와인, 강화 와인, 증류수, 칵테일 등에 사용할 수 있다.

4 이나오 와인 잔^{Bicchiere dello INAO}. 전문 가들이 시음을 할 때 사용하는 잔이다. 시 각적으로도 아름답고 모든 와인에 잘 어울 린다. 카페나 와인 바에 널리 퍼져 있는 잔 이다.

5 배불뚝이 와인 잔: 크고 둥글며 테두리 가 좁다. 짙은 버건디^{Borgogna}와 진한 레드 와인에 적합하다. 보통의 레드 와인이나 화이트 와인도 무난하다. 잔에서 향이 적 절하게 농축돼 코에 향을 가득 채워 준다.

6 다용도 잔^{Bicchiere polivalente}: 배불뚝이 와인 잔보다 작다. 강렬한 화이트 와인이 나 성숙한 와인의 레드 와인 그리고 구조 화된 스파클링 와인에 적합하다. 간단히 말해, 특화되지 않더라도 모든 것에 유용 하다.

7 화려하게 장식된 잔^{Bicchiere colorato e} decorato : 와인을 제대로 음미하기에 적절하지 않다. 이러한 와인 잔은 와인의 색상을 숨기고 향을 혼란스럽게 만든다.

5 │ 와인 테이스팅

와인 테이스팅은 와인의 특성을 평가하고 즐기는 과정이다. 일반적으로 다음과 같은 단계로 진행된다.

첫째, 와인을 잔에 따라 눈으로 보면서 와인의 색상, 투명도, 광택을 평가한다. 이는 와인의 종류와 생산 연도를 파악하는 데 도움이 된다.

둘째, 향을 맡아본다. 와인 잔을 가볍게 흔들어 향을 발산시킨 후 향을 맡는다. 과일 향, 허브 향, 꽃 향 등 다양한 향을 식별한다.

셋째, 와인을 입에 넣어 맛을 평가한다. 맛과 특징을 분석하면서 당도, 산도, 타닌, 알코올 함량 등을 느낀다.

마지막으로 와인을 삼킨 후 입안에 남아 있는 향과 맛을 평가한다. 이는 와인의 지속성과 애프터 테이스트를 확인하는 데 도움이 된다.

커피에 관해

① 이탈리아의 지역별 커피 문화

이탈리아는 그 무엇보다도 커피 문화로 유명하며 지역별로 고유한 커피 스타일과 전통이 있다. 각 지역의 커피 문화는 현지의 생활 방식과 기호를 반영하며, 이를 통해 이탈리아의 다채로운 커피 문화를 경험할 수 있다. 이탈리아 북부, 중부, 남부의 커피 문화는 다음과 같은 특징으로 구분할 수 있다.

1 이탈리아 북부

이탈리아 북부는 진한 에스프레소를 선호한다. 밀라노와 토리노 같은 도시에서는 에스프레소보다 짧게 추출한 '리스트레토ristretto'나 에스프레소에 우유 거품을 살짝 올린 '마키아토macchiato'를 많이 마신다. 유명한 커피 브랜드 라바차Lavazza와 일리Illy는 이탈리아 북부에서 시작되었다. 이러한 브랜드는 높은 품질의 에스프레소 블렌드로 잘 알려져 있다.

이곳 북부의 카페는 현대적이고 세련된 분위기를 가지고 있으며, 빠른 서비스와 함께 서서 커피를 마시는 문화가 일반적이다.

2 이탈리아 중부

이탈리아 중부, 특히 로마에서는 '카페caffè'라고 불리는 표준 에스프레소를 많이 마시며 카푸치노보다 더 많은 우유를 넣은 커피인 카페라떼 Caffe Latte도 인기가 있다. 이 지역의 커피는 부드럽고 균형 잡힌 맛이 특징이다.

타차 도로 카페

산테우스타키오 카페

라치오주의 로마에는 '산테우스타키오Sant'Eustachio', '타차 도로La Casa del Caffè Tazza d'Oro' 같은 유명한 카페가 있다. 로마의 카페는 역사적이고 전통적인 분위기를 가지고 있으며, 카페에서 앉아 천천히 커피를 즐기는 문화가 있다. 아침에는 카푸치노와 크로아상을 함께 먹는 것이 일반적이다.

3 이탈리아 남부

이탈리아 남부, 특히 나폴리에서는 강하고 진한 에스프레소를 선호한다. '카페 알라 나폴레타나Caffè alla Napoletana'라고 불리는 나폴리 스타일의 커피는 매우 진하고 풍부한 맛이 특징이다. 나폴리는 '킴보Kimbo'와 같은 유명한 커피 브랜드의 본고장이다. 나폴리의 커피는 일반적으로 진한 로스팅을 사용하여 강렬한 맛을 낸다.

남부의 카페는 활기차고 사교적인 분위기를 가지고 있으며, 커피를 마시며 사람들과 대화를 나누는 문화가 중요하다. 에스프레소를 빠르게 마시는 것보다는 천천히 즐기며 마시는 것이 일반적이다.

2 이탈리아의 커피 브랜드

우리에게도 익숙한 '라바차Lavazza', '일리Illy', '킴보Kimbo'는 모두 이탈리아를 대표하는 커피 브랜드이다. 라바차는 토리노Turin, 일리는 트리에스테Trieste, 킴보는 나폴리Naples에 본사가 있다.

이탈리아의 수많은 커피 브랜드 중 대표적인 몇 가지 브랜드를 꼽으면 다음과 같다.

1	라바차Lavazza	6	가지아Gaggia
2	일리Illy	7	비알레티Bialetti
3	킴보Kimbo	8	하우스브란트Hausbrandt
4	세가프레도 자네티Segafredo Zanetti	9	카라로Carraro
5	카페 베르냐노Caffè Vergnano	10	모카라비아Mokarabia

위 브랜드 외에도 크고 작은 규모의 커피 브랜드가 이탈리아 전역에 퍼져 있다. 이탈리아 커피 브랜드의 총개수는 정확하게 집계하기는 어렵지만, 내략 100개 이상의 브랜드가 존재한다고 추정된다.

Foreign Copyright:
Joonwon Lee   Mobile: 82-10-4624-6629

Address: 3F, 127, Yanghwa-ro, Mapo-gu, Seoul, Republic of Korea
            3rd Floor
Telephone: 82-2-3142-4151
E-mail: jwlee@cyber.co.kr

맛과 역사를 만나는 시간으로의 여행

이탈리아를 걷다

2024. 8. 1. 1판 1쇄 인쇄
2024. 8. 7. 1판 1쇄 발행

> 저자와의
> 협의하에
> 검인생략

지은이 | 정병호
펴낸이 | 이종춘
펴낸곳 | **BM** (주)도서출판 **성안당**

주소 | 04032 서울시 마포구 양화로 127 첨단빌딩 3층(출판기획 R&D 센터)
     | 10881 경기도 파주시 문발로 112 파주 출판 문화도시(제작 및 물류)
전화 | 02) 3142-0036
     | 031) 950-6300
팩스 | 031) 955-0510
등록 | 1973. 2. 1. 제406-2005-000046호
출판사 홈페이지 | www.cyber.co.kr
ISBN | 978-89-315-7932-1 (13920)
정가 | 19,800원

이 책을 만든 사람들
책임 | 최옥현
진행 | 김지민, 정지현
교정 · 교열 | 안종군
본문 디자인 | 이대범
표지 디자인 | 박원석
홍보 | 김계향, 임진성, 김주승, 최정민
국제부 | 이선민, 조혜란
마케팅 | 구본철, 차정욱, 오영일, 나진호, 강호묵
마케팅 지원 | 장상범
제작 | 김유석

■ 도서 A/S 안내

성안당에서 발행하는 모든 도서는 저자와 출판사, 그리고 독자가 함께 만들어 나갑니다.
좋은 책을 펴내기 위해 많은 노력을 기울이고 있습니다. 혹시라도 내용상의 오류나 오탈자 등이
발견되면 **"좋은 책은 나라의 보배"**로서 우리 모두가 함께 만들어 간다는 마음으로 연락주시기
바랍니다. 수정 보완하여 더 나은 책이 되도록 최선을 다하겠습니다.
성안당은 늘 독자 여러분들의 소중한 의견을 기다리고 있습니다. 좋은 의견을 보내주시는 분께는
성안당 쇼핑몰의 포인트(3,000포인트)를 적립해 드립니다.
잘못 만들어진 책이나 부록 등이 파손된 경우에는 교환해 드립니다.